Dr. Michael Dzieia, Dieter Jagla, Jürgen Kaese, Dr. Uwe Kirschberg,
Karl-Georg Schmid, Walter Seefelder

NEUE BERUFE

Instandhalten technischer Systeme

Diesem Buch wurden die bei Manuskriptabschluss vorliegenden
neuesten Ausgaben der DIN-Normen, VDI-Richtlinien
und sonstigen Bestimmungen zu Grunde gelegt.
Verbindlich sind jedoch nur die neuesten Ausgaben der DIN-Normen,
VDI-Richtlinien und sonstigen Bestimmungen selbst.

Die DIN-Normen wurden wiedergegeben mit Erlaubnis des
DIN Deutsches Institut für Normung e.V.
Maßgebend für das Anwenden der Norm ist deren Fassung
mit dem neuesten Ausgabedatum, die bei der
Beuth-Verlag GmbH, Burggrafenstraße 6, 10787 Berlin, erhältlich ist.

Dieser Titel wurde unter Mitarbeit von Herrn Klaus Meske erstellt.

Dieses Papier wurde aus chlorfrei gebleichtem Zellstoff hergestellt.

1. Auflage, 2004

Westermann Schulbuchverlag GmbH, Braunschweig
http://www.westermann.de

Verlagslektorat:	Dr. Steffen Decker, Gabriele Wenger
Verlagsherstellung:	Harald Kalkan
Satz und Layout:	Sabine Fehmer, Grafik & Layout, Cremlingen
Zeichnungen:	Mario Valentinelli, Rostock
Herstellung:	westermann druck GmbH, Braunschweig

ISBN 3-14-**23 1222**-6

Dieses Werk und einzelne Teile daraus sind urheberrechtlich geschützt. Jede Nutzung – außer in den gesetzlich zugelassenen Fällen – ist nur mit vorheriger schriftlicher Einwilligung des Verlages zulässig.

VORWORT

In der heutigen betrieblichen Praxis wachsen Tätigkeiten aus unterschiedlichen Berufen immer mehr zusammen. Dies lässt sich an der inhaltlichen Gestaltung vieler neuer Berufe erkennen und wird bei Fachkräften, die im Bereich der Instandhaltung tätig sind, besonders deutlich. Die Instandhaltungstätigkeiten finden sich berufsübergreifend in den Lernfeldern wieder.

In diesem Buch wird großer Wert auf die zentrale Bedeutung von betrieblichen und wirtschaftlichen Belangen gelegt und der Einfluss der Instandhaltung erläutert. Für die grundlegenden Instandhaltungsaspekte wurde bereits die erst kürzlich erschienene neueste Norm verwendet.

Für moderne Fachleute, die fachübergreifend arbeiten, ist es von großer Bedeutung, komplexe Gesamtsysteme zu verstehen und diese anhand von Teilsystemen und den notwendigen Schnittstellen betrachten zu können.

Vor diesem Hintergrund leitet dieses Buch zu selbstständigem Planen, Arbeiten und Kontrollieren von Tätigkeiten an und berücksichtigt Bereiche des Maschinenbaus sowie der Elektro- und Informationstechnik. Es vermittelt die notwendigen Kenntnisse zum Instandhalten technischer Systeme am Beispiel einer Fertigungsstation mit Förderband, Greifroboter und Fräsmaschine.

An das einführende Kapitel schließt sich die Erläuterung von Instandhaltungsplanungen. Hier werden das Erstellen von Wartungs-/Inspektionsplänen sowie die Auswahl von Instandhaltungsstrategien erläutert, welche auf einer systematischen Zerlegung der Anlage in Teilsysteme beruht.

Es schließen sich fachspezifische Kapitel aus den Bereichen Mechanik, Elektrotechnik, Hydraulik und Pneumatik an. Am Anfang dieser Kapitel werden zunächst die Funktionen beschrieben, die zum Verständnis der Instandhaltungstätigkeiten erforderlich sind und anschließend die erforderlichen Tätigkeiten aus den Bereichen Wartung, Inspektion und Instandsetzung erläutert. Hierbei wird sowohl auf moderne Messtechnik als auch auf Sicherheitsaspekte eingegangen, welche z. B. den Umgang mit Schmierstoffen oder elektrischem Strom betreffen.

Konkrete Beispiele mit aussagekräftigen Abbildungen unterstützen die Orientierung an der interdisziplinären beruflichen Praxis. An den entsprechenden Stellen werden Hinweise auf die wichtigsten DIN-Normen, VDE-Vorschriften und weiterführende Literatur gegeben. Merksätze kennzeichnen die wichtigsten Erkenntnisse. Jedes Kapitel schließt mit einigen Fragen zum behandelten Lernstoff.

Tabellenbuchhinweise zum selbstständigen Nachschlagen von Normen werden mit einem Piktogramm (➡📖) gekennzeichnet. Bei nebenstehendem Symbol handelt es sich um einen Verweis auf das Modul *Montieren/Demontieren*.

Am Beispiel konkreter Instandhaltungsaufträge wird der komplette Instandhaltungsvorgang von der Planung, Arbeitsvorbereitung über Anlagenstillsetzung, Inspektion, Instandsetzung bis zur Wiederinbetriebnahme und Dokumentation beschrieben. Hierbei werden Grundlagen der Statistik vermittelt, die zum Verständnis der Qualitätssicherungs-maßnahmen erforderlich sind.

Den zunehmend international orientierten Unternehmen mit ihren Tätigkeitsfeldern wurde durch die Gestaltung einzelner Kapitel entsprochen. Die parallele Ausführung des Kapitels in englischer und deutscher Sprache gibt die Möglichkeit, technische Kommunikation in der heute gängigen Form zu üben.

Mit dem vorliegenden Buch bekommt der Leser ein Hilfsmittel zur Förderung seiner fachübergreifenden Handlungskompetenz, welches die neuesten Entwicklungen der industriellen und handwerklichen Berufe berücksichtigt.

Autoren und Verlag wünschen Ihnen viel Freude und Erfolg beim Einsatz dieses neuartigen Werkes und sind für Hinweise und Verbesserungen jederzeit aufgeschlossen und dankbar.

Autoren und Verlag   Braunschweig 2004

Inhaltsverzeichnis contents

1	**Instandhaltung**	**maintenance**
1.1	Begriffe der Instandhaltung	terms of maintenance 7
1.2	Maßnahmen der Instandhaltung	tasks of maintenance 9
1.2.1	Wartung	maintenance 9
1.2.2	Inspektion	inspection 10
1.2.3	Instandsetzung	corrective maintenance 11
1.2.4	Verbesserung	optimisation 11
1.3	Instandhaltungskosten	maintenance costs 12
1.4	Instandhaltungsstrategien	maintenance strategies 12
1.4.1	Ziele und Kriterien der Instandhaltungsstrategien	goals and criteria for maintenance strategies 12
1.4.2	Ereignisorientierte Instandhaltung	event driven maintenance 12
1.4.3	Zustandsabhängige Instandhaltung	state driven maintenance 13
1.4.4	Intervallabhängige Instandhaltung	intervall based maintenance 13
2	**Instandhaltungsplanung**	**maintenance planning**
2.1	Systembeschreibung	system description 15
2.2	Wartungs- und Inspektionspläne von Teilsystemen	maintenance und inspection plan of subsystems 16
2.3	Instandhaltungsplanung für die gesamte Anlage	maintenance planning for the whole plant 16
2.3.1	Ausfallverhalten	failure rate laging 16
2.3.2	Auswahl der Instandhaltungstrategie	choose of maintenance 17
2.4	Erstellen des Instandhaltungsplanes	making the maintenance plan 19
2.4.1	Grundsätze	basics 19
2.4.2	Zusammenfassen der Einzelpläne	summarizing of single plans 20
3	**Mechanische Einheiten**	**mechanical units**
3.1	Führungen, Abdeckungen und Abstreifer	guides, coverings and wiper 26
3.2	Riemengetriebe	belt transmission 32
3.3	Kettengetriebe	chain transmission 36
3.4	Zahnradgetriebe	gear drive 40
3.5	Kupplungen	couplings 46
3.6	Schmierung	lubrication 50

Inhaltsverzeichnis   contents

3.6.1	Schmieranleitung und Schmierverfahren	lubrication chart and methods of lubrication 50
3.6.2	Schmierstoffe	lubricants 52
3.6.3	Umgang mit Schmierstoffen	handling of lubrications 54

4 Elektrische Einheiten — electrical units

4.1	Arbeiten an elektrischen Anlagen	working at electrical units 57
4.2	Elektrische Betriebsmittel	electrical equipment 59
4.3	Mess- und Prüfgeräte	measuring and test devices 65

5 Hydraulische und pneumatische Einheiten — hydraulic and pneumatic units

5.1	Hydraulische Einheiten	hydraulic units 69
5.2	Pneumatische Einheiten	pneumatic units 76

6 Instandhalten der Bearbeitungsstation — maintaining the work station

6.1	Ereignisorientiertes Instandhalten	event driven maintaining 79
6.2	Zustandsabhängiges Instandhalten	state driven maintaining 85
6.3	Intervallabhängiges Instandhalten	intervall based maintaining 89
6.4	Auswertung der Instandhaltungs-Dokumentation	analysing the maintenance documentation 91

Sachwortverzeichnis — index 94

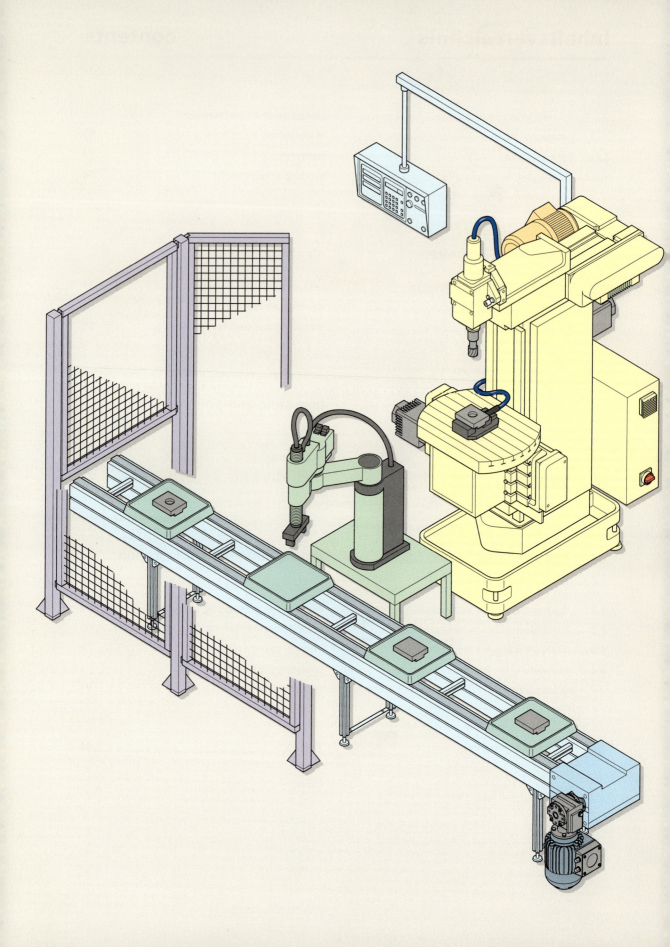

Instandhaltung

1.1 Begriffe der Instandhaltung

Das System Bearbeitungsstation besteht aus den Teilsystemen Transportband, Schwenkarmroboter und Fräsmaschine. Diese Teilsysteme setzen sich aus vielen unterschiedlichen Komponenten zusammen. Dabei sind mechanische, pneumatische, hydraulische, elektrische, elektronische und Software-Komponenten integriert. Das geordnete Zusammenwirken aller Teile ergibt die Funktionsweise des Gesamtsystems.

Die Anschaffungskosten der Bearbeitungsstation sind hoch. Da sich die Investition lohnen muss, wird von ihr eine lange Lebenszeit und ein störungs- und ausfallfreier Betrieb über ihre gesamte Nutzungsdauer gefordert. Störungen und Ausfälle lassen sich aber nicht vermeiden. Durch eine geplante Instandhaltung wird dem entgegengewirkt. Ziel ist die Begrenzung von Ausfallzeiten. Voraussetzung ist ein funktionofähiger Zustand der Bearbeitungsstation. Diesen durch Instandhaltungsmaßnahmen zu bewahren oder gegebenenfalls wieder herzustellen ist die Aufgabe der Instandhaltung.

Die Funktionsfähigkeit der Bearbeitungsstation hängt in erster Linie davon ab, wie zuverlässig die einzelnen Teilsysteme arbeiten. Die Zuverlässigkeit ist dabei ein Maß für die Fähigkeit des Systems, seine Funktion zu erfüllen. Sie lässt sich darstellen als:

$$\text{Zuverlässigkeit} = \frac{\text{Anzahl der Ausfälle}}{\text{Betrachtungszeit}}$$

Die Zuverlässigkeit wird beeinflusst durch:

- Konstruktion,
- Werkstoffeigenschaften,
- Betriebs- und Umgebungsbedingungen,
- Maschinensystem und Instandhaltung.

Eine Zuverlässigkeitsangabe ist für die Instandhaltung von großer Bedeutung, weil sie Aussagen über das wahrscheinliche Eintreffen von Ausfällen macht. Die Bearbeitungsstation ist aber nur so zuverlässig wie ihr schwächstes Element. Deshalb werden einzelne Bauelemente auf ihr Ausfallverhalten hin untersucht.

Betrachtet man z. B. ein Gleitlager unter Betriebsbedingungen, so zeigt sich während des Betriebes, dass sich der Zustand des Lagers ständig verschlechtert.

Das Lager nutzt sich während des Arbeitsprozesses ab. Die Abnutzung wird durch Verschleiß herbeigeführt.

Abb. 1 zeigt den Verlauf der Abnutzung an einem Lager.

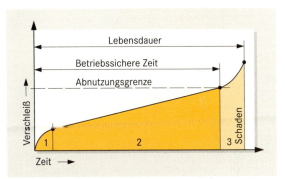

Abb. 1: Verschleißkurve eines Gleitlagers

Die Abnutzung des Gleitlagers verläuft in drei Phasen. Bei Inbetriebnahme des Lagers steigt der Verschleiß in Phase 1 relativ rasch an. In dieser kurzen Phase bewirkt der Einlaufverschleiß eine Verbesserung der Oberflächengüte in der Tragzone des Gleitlagers.

In Phase 2 steigt der Verschleiß sehr langsam an. In dieser Phase ist ein Ausfall des Gleitlagers unwahrscheinlich. Durch den kontinuierlich wachsenden Verschleiß ändert sich die Lagergeometrie für den Schmierspalt.

Mit Erreichen der Abnutzungsgrenze verändert der Verschleiß in Phase 3 die Geometrie der Lagerschalen unzulässig. Führungsgenauigkeit und Rundlauf der Welle sind nicht mehr gewährleistet. Eine ordentliche Einsatzmöglichkeit des Lagers ist nicht mehr gegeben. Es sind jederzeit Spontanausfälle möglich.

Die Lagerschalen des Gleitlagers stellen also einen Abnutzungsvorrat bereit, der durch Verschleiß bis zum Erreichen einer Abnutzungsgrenze aufgebraucht wird. Gleiches gilt für die gesamte Bearbeitungsstation, die durch ihren Vorrat an Funktionserfüllungen einen Abnutzungsvorrat bildet.

Um den Zuverlässigkeitsverlauf für die Bearbeitungsstation feststellen zu können, werden ihre Ausfälle in Fehlersammellisten festgehalten, statistisch ausgewertet und graphisch dargestellt.

In einer Auswertung zeigt Abb. 1 schematisch den Zusammenhang zwischen Ausfallwahrscheinlichkeit und Zuverlässigkeit.

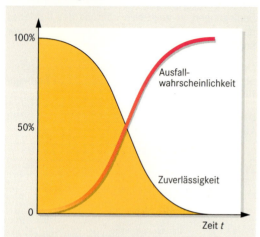

Abb. 1: Ausfallwahrscheinlichkeit und Zuverlässigkeit

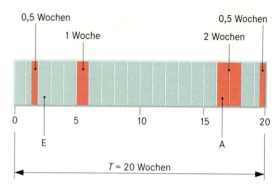

Abb. 2: Einsatz- und Ausfallzeiten der Bearbeitungsstation

Ein wahrscheinlicher Ausfall der Bearbeitungsstation zu Beginn ihres Einsatzes ist gleich Null. In gleichem Maße wie die Ausfallwahrscheinlichkeit zunimmt, verringert sich die Zuverlässigkeit. Sie nimmt ständig bis zu einem kritischen Zeitpunkt ab. Danach ist eine Betriebssicherheit der Anlage nicht mehr gegeben. Mit einem unvorhergesehenen Ausfall der Anlage muss ständig gerechnet werden.

Kommt es zu einem Ausfall, wird die Betriebsbereitschaft durch Instandhaltungsmaßnahmen wieder hergestellt. Für die Produktion ist es von großem Interesse, dass die Anlage möglichst schnell wieder ihre Funktion erfüllt.

Die Verfügbarkeit ist für den Produktionsbetrieb von großer Bedeutung. Sie wird in Prozent angegeben. Die Prozentzahl gibt an, mit welcher Wahrscheinlichkeit die Anlage für ihren Einsatz zur Verfügung steht.

 Die Verfügbarkeit ist ein Maß für die Dauer der Einsatzbereitschaft.

Als Beispiel für die Ermittlung der Verfügbarkeit V wird für die Bearbeitungsstation eine geplante Betriebsdauer $T = 20$ Wochen angenommen. Auf der Zeitachse in Abb. 2 sind die einsatzfähigen Zeiten E und die Ausfallzeiten A eingetragen.

Werden die Einsatzzeiten addiert, erhält man einen Zeitraum von 16 Wochen. Für die Summe der Stillstände 4 Wochen. Aus dem Anteil der Einsatzzeiten an der Gesamtzeit kann die Verfügbarkeit der Bearbeitungsstation ermittelt werden. Dieser Wert erhält eine umso größere Aussagekraft, je länger der Beobachtungszeitraum ist.

Berechnung der Verfügbarkeit für das Beispiel in Abb. 2

Gesamteinsatzzeit

$\Sigma E = (1,5 + 3 + 10 + 1,5)$ Wochen
$\quad\quad = 16$ Wochen

Gesamtausfallzeit

$\Sigma A = (0,5 + 1 + 2 + 0,5)$ Wochen
$\quad\quad = 4$ Wochen

Verfügbarkeit

$$\text{Verfügbarkeit} = \frac{\text{Gesamteinsatzzeit}}{\text{geplante Betriebszeit}} \cdot 100\,\%$$

$$V = \frac{\Sigma E}{T} \cdot 100\,\% = \frac{\Sigma E}{\Sigma E + \Sigma A} \cdot 100\,\%$$

$$V = \frac{16 \text{ Wochen}}{16 \text{ Wochen} + 4 \text{ Wochen}} \cdot 100\,\% = \underline{\underline{80\,\%}}$$

Die Gesamtausfallzeit beinhaltet Störzeiten und Zeiten für geplante Instandhaltungsarbeiten, dies sind Zeiten für die

- Fehlersuche,
- Ersatzteilbeschaffung,
- eigentliche Reparatur und
- Wiederinbetriebnahme.

1.2 Maßnahmen der Instandhaltung

Die Maßnahmen der Instandhaltung werden nach DIN 31051 unterteilt.
Abbildung 3 zeigt die Gliederung der Instandhaltungsmaßnahmen und ihre Definitionen.

Abb. 3: Maßnahmen der Instandhaltung

1.2.1 Wartung

Die bei einer Wartung durchzuführenden Maßnahmen hängen von dem zu wartenden Anlagenteil ab. Je nach Einsatzbedingungen unterliegen diese Anlagenteile unterschiedlichen Abnutzungsprozessen. Deshalb gibt es vom Hersteller oder von der Instandhaltung gesonderte Wartungspläne. Sie enthalten

- die Beschreibung der Wartungseinheit,
- Wartungsmaßnahmen,
- Wartungsstellen,
- Wartungszeiten sowie
- Hilfsmittel und Hilfsstoffe.

Zu den Wartungsmaßnahmen gehören:

Schmieren:
Zuführen von Schmierstoff zur Schmierstelle, um z. B. die Gleitfähigkeit zu erhalten.

Ergänzen:
Nach- und Auffüllen von Hilfsstoffen.

Auswechseln:
Ersetzen von Kleinteilen und Hilfsstoffen (kurzfristige Tätigkeiten mit einfachen Werkzeugen oder Vorrichtungen).

Nachstellen:
Beseitigung einer Abweichung mit Hilfe dafür vorgesehener Einrichtungen (kein kompliziertes Justieren).

Reinigen:
Entfernen von Fremd- und Hilfsstoffen (durch Saugen, durch Kehren, mit Lösungsmitteln u. a.).

Durch Wartungsmaßnahmen kann die Abnutzung so verzögert werden, dass eine erheblich verlängerte Nutzungszeit erzielt werden kann (Abb. 4).

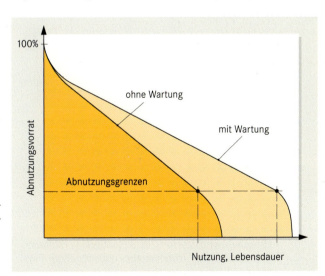

Abb. 4: Abnutzungsvorrat, mit und ohne Wartung

Abb. 1: Maßnahmen der Wartung

1.2.2 Inspektion

Ziel einer Inspektion ist die Früherkennung von Abnutzungserscheinungen, um rechtzeitig geeignete Maßnahmen zu veranlassen:

Abb. 2: Maßnahmen der Inspektion

Feststellen und Beurteilen des Ist-Zustandes

Die Durchführung der Inspektion beginnt mit einem Rundgang um die Bearbeitungsstation. Veränderungen und Unregelmäßigkeiten werden zuerst subjektiv durch die Sinnesorgane erfasst und lokalisiert.

Sichtbar sind z. B. Risse, Formänderungen, Flüssigkeitsaustritt, Verstopfungen und Bewegungsänderungen.

Ursachen können Werkstofffehler, Undichtigkeiten, Verunreinigungen und fehlerhafte Einstellungen sein.

Hörbar sind z. B. Knacken, Knirschen, Rauschen, als Folge von Verschmutzung, Trockenlauf und Abrieb.

Fühlbar sind z. B. Temperatur, Vibration, Feuchtigkeit.

Ursachen sind Verschleiß, ungenügende Schmiermittelzufuhr, Überlastung, ungenügende Flüssigkeitsabfuhr.

Riechbar sind z. B. das Schmoren eines Kabels oder das Austreten von Gasen.

Kann der Zustand eines auffälligen Bauelementes vor Ort erfasst werden, wird dieser sofort beurteilt und die Ursache für die Veränderung festgestellt. Objektive Werte für das Erfassen und Beurteilen des Anlagenzustandes liefern die Messungen.

Dazu gehören auch Messeinrichtungen, die bei einer automatisierten Fertigung installiert sind. Eigene aufwändige Messungen werden dadurch vermieden.

Bestimmen von Abnutzungsursachen

Subjektive Wahrnehmungen und objektive Messwerte ergeben ein Datenbündel, das die Grundlage für eine eingehende Beurteilung des Ist-Zustandes bildet.

Für eine abschließende Beurteilung gilt:

- Werte und Größen gegeneinander abgleichen,
- Soll- und Grenzwerte vergleichen,
- Gesetzmäßigkeiten suchen,
- Rand- und Betriebsbedingungen bedenken,
- wirtschaftliche Gesichtspunkte berücksichtigen,
- Maßnahmemöglichkeiten suchen, bewerten und auswählen.

Veranlassen von Maßnahmen

In Abhängigkeit von der Systembeurteilung beziehen sich diese Maßnahmen auf das

- Anpassen der Wartungs- und Inspektionspläne,
- Einleiten von Instandsetzungsmaßnahmen und
- Anregen von technischen Verbesserungen.

1.2.3 Instandsetzung

Basierend auf den Ergebnissen einer Inspektion erfolgt die Instandsetzung der Anlage. Diese wird innerhalb eines für die Produktion günstigen Zeitraumes durchgeführt. Dazu wird die Anlage zum geplanten Zeitpunkt stillgesetzt und Instandsetzungsmaßnahmen (z. B. Reparatur oder Austausch eines Teils) werden durchgeführt.

Fällt die Anlage aus ungeklärter Ursache aus, ist eine sofortige Instandsetzung notwendig.

1.2.4 Verbesserung

Führen die Erkenntnisse einer Inspektion oder einer Fehlerdiagnose dazu, dass häufig gleiche Teile ausfallen, handelt es sich um eine Schwachstelle. Die anschließende Fehleranalyse zeigt, ob eine technische Verbesserung möglich, sinnvoll und wirtschaftlich ist. Der Einsatz eines Lagers mit besseren Laufeigenschaften, Zahnräder aus einem verschleißbeständigerem Werkstoff oder bessere Dichtungen führen zu einer höheren Funktionssicherheit. Dadurch vergrößert sich der Abnutzungsvorrat gegenüber dem ursprünglichen Abnutzungsvorrat.

Instandsetzung und Verbesserung bilden den umfangreichsten und kostenintensivsten Teil der Instandhaltung.

Außer den Maßnahmen am System zur Wiedererlangung eines neuen Abnutzungsvorrates umfassen die Instandsetzung und die Verbesserung Maßnahmen, die in Bezug stehen zu

- Auftrag und Dokumentation,
- Kalkulation, Terminplanung und Abstimmung,
- Erstellen von Arbeitsschutz- und Sicherheitsplänen,
- Aufzeigen und Planen von Verbesserungen,
- Funktionsprüfung und Abnahme,
- Auswertung und Kostenaufstellung.

Zusammenfassung

Maßnahmen der Instandhaltung stellen die Funktionsfähigkeit einer Anlage sicher. Durch Wartung verzögert sich der Abbau des Abnutzungsvorrats.

Durch eine Instandsetzung wird der Abnutzungsvorrat wieder aufgebaut.

Inspektionen dienen der Feststellung des Ist-Zustands und der Früherkennung von Störungen.

Mittels einer Verbesserung vergrößert sich der Abnutzungsvorrat gegenüber dem anfänglichen Abnutzungsvorrat.

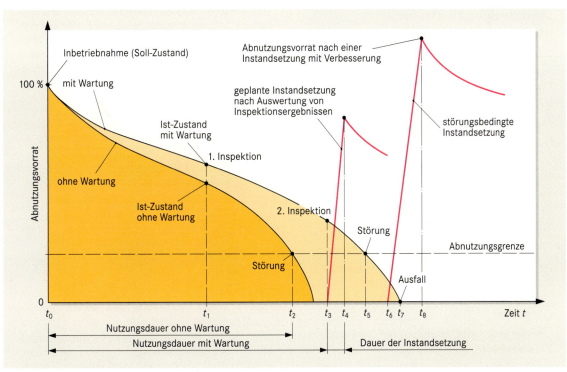

Abb. 3: Verlauf des Abnutzungsvorrates mit und ohne Wartung

1.3 Instandhaltungskosten

Durch Instandhaltungsmaßnahmen entstehen Kosten. Sie werden dem erzielbaren Nutzen gegenübergestellt und gewichtet. Daraus werden Maßnahmen zur Kostenminimierung abgeleitet.

Kosten werden minimiert, wenn
- ein bestimmter Nutzen mit möglichst geringem Aufwand oder
- mit einem bestimmten Aufwand der größtmögliche Nutzen erzielt wird.

Die durch die Wartung entstehenden Kosten richten sich nach deren Umfang und Häufigkeit. Dies gilt auch für die Kosten durch Inspektionen, wobei der Automatisierungsgrad einer Anlage einen hohen Einfluss auf die Inspektionskosten hat. Einrichtungen für eine technische Diagnostik sind oft teuer. Die Vor- und Nachteile solcher Einrichtungen hinsichtlich der Kosten müssen genau abgewogen werden.

Bei der Instandsetzung richtet sich die Höhe der Kosten danach, ob zu einem geplanten Zeitpunkt oder nach einem Ausfall Bauteile ausgetauscht werden.

Kosten, die durch eine Verbesserung entstehen, richten sich nach dem technischen Aufwand und der wirtschaftlichen Vertretbarkeit.

Hinzu kommen noch Kosten für Hilfsmittel (z. B. Fette und Öle), Ersatzteilkosten sowie Kosten für Spezialwerkzeuge und Prüfmittel.

Aus einem Abgleich von Instandhaltungskosten und erzielbarem Nutzen ergibt sich der kostengünstigste Plan. Dieser bestimmt die Instandhaltungsstrategien, nach denen Instandhaltungsmaßnahmen durchgeführt werden.

1.4 Instandhaltungsstrategien

1.4.1 Ziele und Kriterien der Instandhaltungsstrategien

Die geeignete Instandhaltungsstrategie für eine Anlage wird so gewählt, dass sich eine möglichst hohe Zuverlässigkeit für die Anlage ergibt.

Welche Instandhaltungsstrategie gewählt wird hängt von folgenden Kriterien ab:
- Wie ist das Ausfallverhalten von Bauteilen?
- Sind bei einem Ausfall Folgeschäden zu erwarten und wie hoch sind die dadurch entstehenden Kosten?
- Wie wirkt sich eine Störung auf den Produktionsablauf aus?
- Entstehen durch einen Schadensfall Sicherheitsrisiken?
- Ist der Schaden durch Abnutzung entstanden und kann die Abnutzung messtechnisch erfasst werden?
- Welche berufsgenossenschaftlichen und gesetzlichen Bestimmungen bestehen?

Aus diesen Kriterien lassen sich drei typische Instandhaltungsstrategien ableiten.

- Die ereignisorientierte Instandhaltung nach Auftreten einer Störung.
- Die vorbeugende Instandhaltung nach festen Intervallen.
- Die vorbeugende Instandhaltung in Abhängigkeit vom Zustand, der durch Inspektion festgestellt wird.

Mit der Instandhaltungsstrategie wird festgelegt, welche Maßnahmen inhaltlich, methodisch und zeitlich durchzuführen sind.

1.4.2 Ereignisorientierte Instandhaltung

Bei dieser Strategie wird eine Instandsetzung erst dann durchgeführt, wenn es zum Anlagenstillstand durch eine Störung kommt.

Die ereignisorientierte Instandhaltung wird angewandt bei Anlagen, die wenig genutzt werden und nur geringe Anforderungen an die Verfügbarkeit stellen. Wo Stillstände (Produktionsunterbrechungen) keine Lieferschwierigkeiten bewirken, kann sie ebenfalls angewendet werden.

Des Weiteren wird die ereignisorientierte Instandhaltung angewandt wenn genügend Ersatzteile vorhanden und kurze Austauschzeiten möglich sind. Sie kann auch da angewandt werden, wo keine Sicherheitsanforderungen gestellt sind oder genügend gleiche Systeme vorhanden sind.

Vorteile:
- Die Lebensdauer eines Bauteils wird voll genutzt, da ein Austausch erst nach einem Bauteilversagen erfolgt.
- Geringerer Planungsaufwand als bei den vorbeugenden Instandhaltungsstrategien.

Nachteile:
- Die Instandsetzung muss oft unter hohem Zeitdruck durchgeführt werden.
- Gelagerte Ersatzteile verursachen Lagerhaltungskosten.
- Nicht vorrätige Ersatzteile, die nicht kurzfristig beschaffbar sind, können Ausfallkosten verursachen.
- Die Koordination des Personaleinsatzes für die Instandsetzung wird erschwert. Eine kurzfristige Verfügbarkeit von Instandhaltungspersonal muss gewährleistet werden.

Instandhaltungsstrategien / maintenance strategies

1.4.3 Zustandsabhängige Instandhaltung

Die zustandsabhängige Instandhaltung ist eine vorbeugende Instandhaltungsstrategie. Sie kommt zum Einsatz, wenn die Abnutzung direkt oder indirekt messbar ist. Mit Hilfe der zustandsorientierten Instandhaltung wird die weitgehende Nutzung eines vorhandenen Abnutzungsvorrates ermöglicht.

Der Teiletausch erfolgt entweder kurz vor Erreichen der Abnutzungsgrenze oder durch rechtzeitiges Erkennen einer unzulässigen Veränderung.

Moderne Messtechnik sowie technische Diagnostik ermöglichen eine Zustandserfassung der Maschine oder Anlage während der Produktion. Zusätzlich kann auch die Qualität des hergestellten Produktes als Bewertungskriterium dienen.

 Vorteile:
- Abgenutzte Bauteile können in planbaren Stillstandzeiten ausgewechselt werden.
- Der Abnutzungsvorrat wird weitgehend ausgenutzt.
- Erkenntnisse über den Verschleißzustand tragen zur Betriebssicherheit bei.
- Geringere Lagerhaltung von Ersatzteilen.
- Gegenüber der ereignisorientierten Instandhaltung besteht eine wesentlich höhere Verfügbarkeit der Anlage.

Nachteile:
- Inspektionen können Kosten verursachen, die höher liegen als Kosten für einen vorbeugenden Teiletausch.
- Durch Demontagearbeiten bei Inspektionen können Fehler entstehen.

1.4.4 Intervallabhängige Instandhaltung

Die intervallabhängige Instandhaltung ist ebenfalls eine vorbeugende Instandhaltungsstrategie. Sie geht davon aus, dass der Ausfallzeitpunkt eines Bauteils bekannt ist.

Die intervallabhängige Instandhaltung kommt zum Einsatz, wenn Bauteile auf keinen Fall versagen dürfen und gesetzliche Vorschriften eine regelmäßige Inspektion erfordern. Ferner, wenn durch den Ausfall von Anlagen schwerwiegende Gefährdungen für Personen und Einrichtungen entstehen könnten.

 Vorteile:
- Produktion und Instandhaltungsarbeiten lassen sich gut aufeinander abstimmen. Dies hat zur Folge, dass instandhaltungsbedingte Stillstände einer Anlage in Zeiten geringer Auslastung oder in Zeiten, in denen nicht produziert wird, gelegt werden.
- Unvorhergesehene Ausfälle werden reduziert und Kosten gesenkt.
- Der Ersatzteilbedarf ist absehbar, Ersatzteile können rechtzeitig beschaffen werden.
- Fehler die durch Zeitdruck entstehen werden reduziert.
- Der Personaleinsatz ist gut planbar.

Nachteile:
- Die Lebensdauer von Bauteilen wird nicht voll ausgenutzt.
- Der Ersatzteilbedarf ist hoch.
- Das Ausfallverhalten von Bauteilen kann nicht ermittelt werden.

Zusammenfassung

Die Entscheidung für eine bestimmte Instandhaltungsstrategie hängt von vielen Faktoren ab. Es können auch unterschiedliche Strategien gleichzeitig zum Einsatz kommen. Veränderte Situationen bewirken oftmals eine Anpassung der Instandhaltungsstrategie.

Aufgaben

1. Welche Aufgaben hat die Instandhaltung?

2. Welche Faktoren bestimmen die Zuverlässigkeit eines Systems?

3. Bei einer Instandsetzung wurde ein defektes Gleitlager durch ein Gleitlager mit verbesserten Eigenschaften ersetzt.
a) Stellen Sie für beide Gleitlager die Abnutzungskurve in einem Abnutzungsdiagramm dar.
b) Stellen Sie für beide Gleitlager die Verschleißkurve in einem Diagramm dar.

4. Berechnen Sie die Verfügbarkeit einer Anlage nach folgenden Angaben:

Die Verfügbarkeit der Anlage wurde für 10 Wochen bei einem Einsatz von 8 Stunden pro Tag geplant. Die Anlage fiel bereits am gesamten 2. und 3. Tag für die Produktion aus. In der 3. Woche erzwang eine Störung einen Stillstand der Anlage für 3 Stunden. Eine erforderliche Instandsetzung erfolgte in der 5. Woche und benötigte 12 Stunden. Die Inbetriebnahme der Anlage dauerte 1 Stunde.

5. Beschreiben Sie Wartungsmaßnahmen an Anlagen oder Maschinen aus Ihrem Erfahrungsbereich.

6. Inwieweit nimmt die Inspektion eine Sonderstellung innerhalb der Instandhaltung ein?

7. Welche Maßnahmen können aufgrund von Inspektionsergebnissen und deren Auswertung veranlasst werden?

8. Welche Instandhaltungsstrategien gibt es?

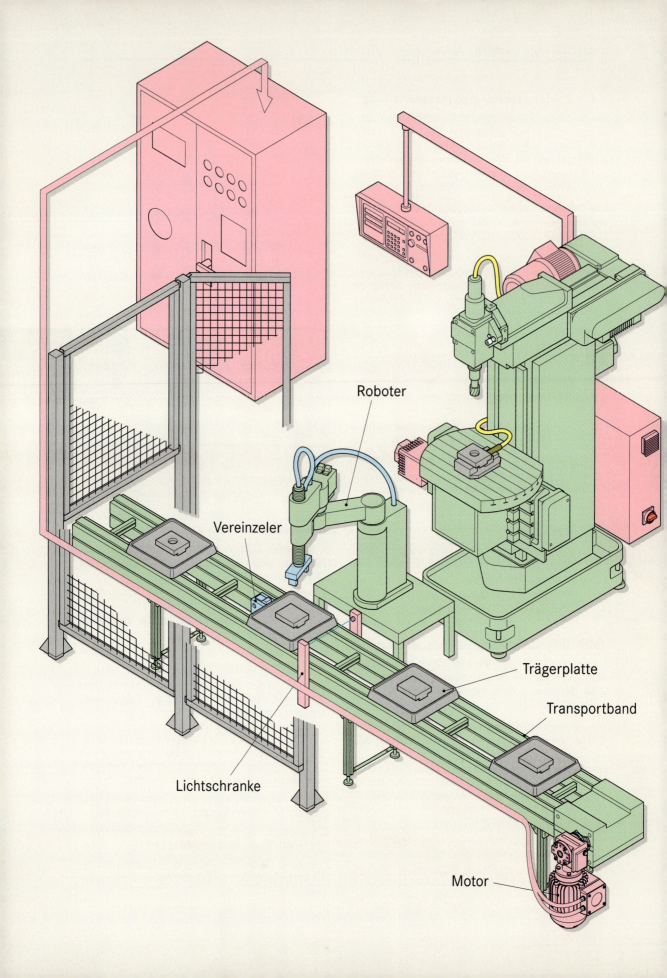

Instandhaltungsplanung

2.1 Systembeschreibung

Eine geplante, systematische Instandhaltung erfordert immer ein entsprechendes Verständnis über die Wirkungsweise, den Aufbau des Gesamtsystems und der einzelnen Teilsysteme sowie deren Komponenten.

Die Hauptfunktion der Bearbeitungsstation ist die Stoffumsetzung. Dabei findet eine spanende Formgebung und ein Transport von Werkstücken statt. Mit dem Transportband werden die Rohteile zur Fräsmaschine transportiert. Der Schwenkarmroboter nimmt das Rohteil auf und legt es auf dem Maschinentisch zur Bearbeitung ab. Nach dem Fräsen der Kontur und der Kreistasche nimmt der Roboter das bearbeitete Werkstück auf und legt es auf das Transportband zurück. Anschließend wird das bearbeitete Werkstück weitertransportiert und es kann ein neuer Arbeitszyklus beginnen.

Die Bearbeitungsstation besteht aus den Teilsystemen Transportband, Schwenkarmroboter, Fräsmaschine, Steuerung und elektrische Energieversorgung.

Diese Teilsysteme enthalten mechanische, pneumatische, hydraulische, elektrische und steuerungstechnische Baueinheiten.

Der Roboter enthält:

- **Mechanische Baueinheiten**

Dies sind Stütz- und Trageinheit, Arbeitseinheit und Energieübertragungseinheit. Sie sind erforderlich, um dem Roboter einen festen Stand zu sichern, das Werkstück zu greifen und die Bewegungsenergie zu übertragen.

- **Pneumatische Baueinheiten**

Diese bewegen den Greifer mit einem pneumatischen Zylinder.

- **Elektrische Baueinheiten**

Sie sind für die Positionserfassung des Schwenkarmes, die Versorgung der Positioniermotoren mit elektrischer Energie und die Ansteuerung der elektromagnetischen Pneumatikventile erforderlich.

- **Hydraulische Baueinheiten**

Sie sind am Roboter nicht vorhanden.

Die Integration der verschiedenen Baueinheiten lässt sich auch für alle anderen Teilsysteme der Bearbeitungsstation darstellen. Abb. 1 zeigt eine Übersicht der vorhandenen Baueinheiten sowie die Zuordnung zum jeweiligen Teilsystem und dem entsprechenden Fachgebiet.

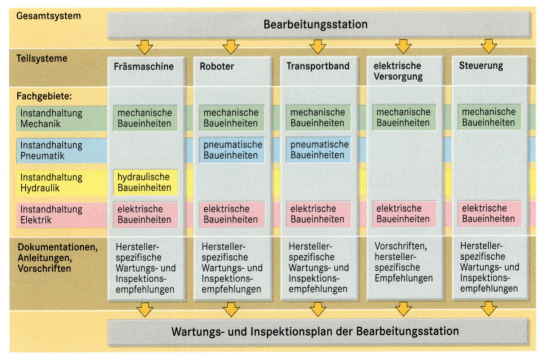

Abb. 1: Struktur der Bearbeitungsstation

2.2 Wartungs- und Inspektionspläne von Teilsystemen

In der Übersicht (S. 15, Abb. 1) ist zu erkennen, dass gleichartige Einheiten in mehreren Teilsystemen enthalten sind. Bei der großen Anzahl von Teilsystemen und Baueinheiten erfordert dies eine strukturierte Instandhaltungsplanung. Ziel ist hierbei, die Stillstandszeiten und den Aufwand zu minimieren, wodurch die Verfügbarkeit erhöht wird.

Dazu sind an allen Teilsystemen Wartungs- und Inspektionsarbeiten durchzuführen. Da die Teilsysteme von unterschiedlichen Herstellern stammen, gibt es keinen einheitlichen Wartungs- und Inspektionsplan. Für jedes Teilsystem wird ein eigener spezieller Plan mitgeliefert, oft sind es nur Empfehlungen. Diese Pläne und Empfehlungen enthalten z. B. Angaben zu Schmierarbeiten. Ergänzend zu den Vorgaben der Hersteller sind vorgeschriebene Prüfungen nach Vorschriften der Berufsgenossenschaften (*BGV*) und ggf. behördlichen oder gesetzlichen Auflagen durchzuführen. Diese Vorgaben sind für jedes Teilsystem in einer Instandhaltungsplanung zu berücksichtigen. Häufig ist die Erfüllung der Wartungs- und Inspektionsanforderungen die Voraussetzung für eine Leistung im Garantiefall.

Von der Bearbeitungsstation liegen unterschiedliche Pläne und Empfehlungen vor (Abb. 1). Für die Fräsmaschine gibt es detaillierte Wartungs- und Inspektionspläne, für den Roboter lediglich einen Schmierplan. Das Transportband ist laut Herstellerangaben wartungsfrei.

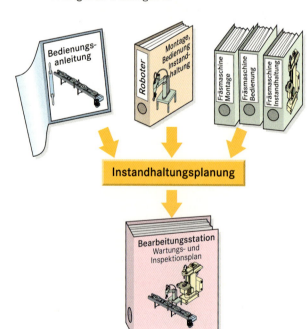

Abb. 1: Wartungs- und Inspektionspläne der Teilsysteme

2.3 Instandhaltungsplanung für die gesamte Anlage

Zuerst wird die Entscheidung über die jeweilige Instandhaltungsstrategie der einzelnen Teilsysteme getroffen.

Bei der Auswahl einer Instandhaltungsstrategie sind verschiedene Gesichtspunkte zu berücksichtigen. Empfehlungen der Hersteller können einen ersten Ansatz liefern. Erfahrungen aus betrieblich notwendigen Instandsetzungsmaßnahmen sind wichtige Größen bei der Auswahl der Instandhaltungsstrategie.

> **!** Gut dokumentierte Instandhaltungsmaßnahmen geben viele Hinweise auf mögliche Schwachstellen, erforderliche Reparaturzeiten, Ersatzteile und Ausfallhäufigkeit.

Durch eine Auswertung der Dokumentation ergeben sich Rückschlüsse auf mögliche Schwachstellen. Deren Beseitigung bildet im Sinne der Instandhaltung eine Verbesserung.

2.3.1 Ausfallverhalten

Durch Auswertung der Instandhaltungsdokumentation können verschiedene Abhängigkeiten zwischen Alter und Ausfallhäufigkeit ermittelt werden (Abb. 2). Diese entstehen durch folgende Effekte:

- **Inbetriebnahmeerscheinungen**
  „Kinderkrankheiten" sind für die Instandhaltung wenig bedeutsam, da sie durch verbesserte Fertigung, Prüfung, Montage und Inbetriebnahme beseitigt werden sollten (Abb. 2 a, d).

- **Verschleißerscheinungen**
  können Hinweise auf einen optimalen Zeitpunkt zur Instandhaltung geben (Abb. 2 a, b).

- **Langsame Alterung / zufälliger Ausfall**
  lassen sich nicht mit vorbeugenden Maßnahmen beherrschen. Hier sind bei hohen Anforderungen Überwachungstechniken erforderlich, die bei auftretenden Fehlern umgehend eine Meldung abgeben, um eine Fehlerausweitung zu vermeiden (Abb. 2 c, e, f).

Anhand der Herstellerangaben und der dokumentierten Instandhaltungsmaßnahmen zum Ausfallverhalten, kann nun eine Entscheidung über die Instandhaltungsstrategie der einzelnen Teilsysteme getroffen werden. Daraus wird dann der Instandhaltungsplan für die Gesamtanlage entwickelt.

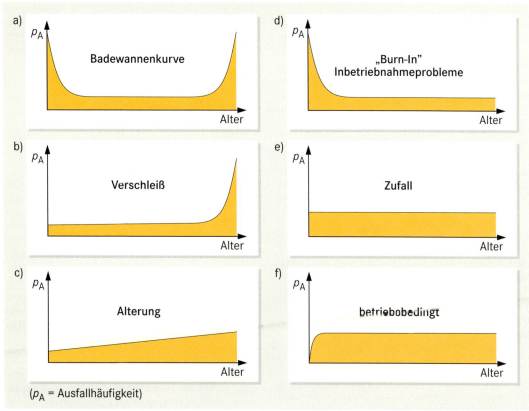

Abb. 2: Ausfallverhalten

(p_A = Ausfallhäufigkeit)

2.3.2 Auswahl der Instandhaltungsstrategie

Transportband

Von Förderbandanlagen existieren allgemein umfangreich dokumentierte Betriebserfahrungen. Diese zeigen, dass die auftretenden Fehler zufällig über das Alter und die Betriebszeit verteilt sind (Abb. 2e). Regelmäßige Verschleißerscheinungen konnten bisher nicht beobachtet werden.

Da es sich beim Transportband um ein relativ einfaches System handelt, ist die Reparatur schnell und mit Standardersatzteilen durchführbar.

In diesem Fall sind vorbeugende Maßnahmen nicht sinnvoll, da hierdurch unnötiger Personal- und Materialaufwand entstehen würde. Aufgrund der kurzen Reparaturzeiten ist eine Störungsbehebung schnell möglich. Die Ausfallkosten sind dadurch begrenzt. Auf den Einsatz von Überwachungstechnik wird deshalb verzichtet.

Die wirtschaftlichste Lösung stellt in diesem Fall die *ereignisorientierte Instandhaltung* dar.

Jede durchgeführte Instandhaltungstätigkeit ist zu dokumentieren.

Roboter

Zum Roboter der Bearbeitungsstation gibt es bisher wenig Betriebserfahrung. Daher werden zu Beginn die Empfehlungen des Herstellers für den Wartungs- und Inspektionsplan übernommen.

Nach einiger Zeit wird unter den gegebenen Betriebsbedingungen festgestellt, nach wie vielen Bewegungszyklen die Abnutzungsgrenze des Greifers erreicht ist (Abb. 2b). Ein rechtzeitiger, vorbeugender Austausch des Greifers ist daher planbar. Die Stillstandszeit kann somit in ein für die Fertigung günstiges Zeitintervall, z. B. das Wochenende, gelegt werden.

Unter diesen Bedingungen ist die *intervallabhängige Instandhaltung* für den Greifer die wirtschaftlichste Lösung. So können trotz geringer Ersatzteilbevorratung die Stillstandszeiten auf ein Minimum begrenzt werden.

Die Auswertung der dokumentierten Instandhaltungsmaßnahmen ermöglicht ein Anpassen der Instandhaltungsintervalle. Hierdurch wird der Instandhaltungsaufwand auf das nötige Maß begrenzt.

Fräsmaschine

Auch bei der Fräsmaschine sind die einzelnen Baueinheiten zu betrachten. Wie beim Roboter gibt es zahlreiche Baueinheiten, die z. B. in den Bereichen Schmierung und Hydraulik eine regelmäßige Inspektion und Wartung erfordern. Diese werden gemeinsam mit Arbeiten an benachbarten Teilsystemen durchgeführt und somit in einem gemeinsamen Plan vorgegeben (Abb. 1).

Bei der Fräsmaschine handelt es sich um ein sehr komplexes System. Im Störungsfall können Fehlersuche, Reparatur und Ersatzteilbeschaffung sehr lange dauern. Dies führt zu hohen Ausfallkosten, da in dieser Zeit die Produktion nicht läuft. Darum sind Instandhaltungsmaßnahmen rechtzeitig zu planen.

Die vielen unterschiedlichen Komponenten und Bauteile der Fräsmaschine haben jeweils ein unterschiedliches Ausfallverhalten, was eine intervallabhängige Instandhaltung erschwert. Die Instandhaltungsanforderungen des Herstellers zur vorbeugenden Instandhaltung sind für einen wirtschaftlichen Betrieb zu umfangreich, da sie einen großen Sicherheitszuschlag enthalten.

Um eine optimale Lösung zwischen notwendigen Instandhaltungsmaßnahmen und geringen Instandhaltungskosten zu finden, ist eine Überwachung des Anlagenzustandes durch Inspektionen und Überwachungstechnik erforderlich. Bei den Inspektionen können zahlreiche Kriterien überprüft werden, ohne die Anlage stillsetzen zu müssen. Die Überwachungstechnik prüft ständig z. B. Schmierstoffmengen, Temperaturen oder Schwingungsverhalten. Weiterhin kann die Produktqualität durch stichprobenartige Messungen erfasst werden.

Sollten eine oder mehrere überwachte Größen den Normalwert verlassen, ist eine Instandhaltungsmaßnahme erforderlich. Diese ist somit planbar und findet nur bei Bedarf statt. Sie wird als *zustandsabhängige Instandhaltung* bezeichnet.

Steuerung und elektrische Energieversorgung

Diese Anlagen werden intervallabhängig und zeitabhängig inspiziert. Für elektrische Anlagen schreibt die Berufsgenossenschaft regelmäßige Prüfungen vor. Sie sind jeweils im Abstand von bestimmten Zeiten zu wiederholen. Da diese Prüfungen nicht tagesgenau durchgeführt werden müssen, lassen sie sich mit anderen Wartungs- und Inspektionsmaßnahmen zusammenlegen. Da die elektrischen Baueinheiten alle Teilsysteme der Bearbeitungsstation betreffen, werden diese Arbeiten im gemeinsamen Wartungs- und Inspektionsplan festgelegt (Abb. 1).

Darüber hinaus erfolgt lediglich eine ereignisorientierte Instandhaltung. Die elektrischen Anlagen sind sehr selten von Fehlern betroffen, so dass zusätzliche Wartungs- und Inspektionsmaßnahmen zu teuer sind.

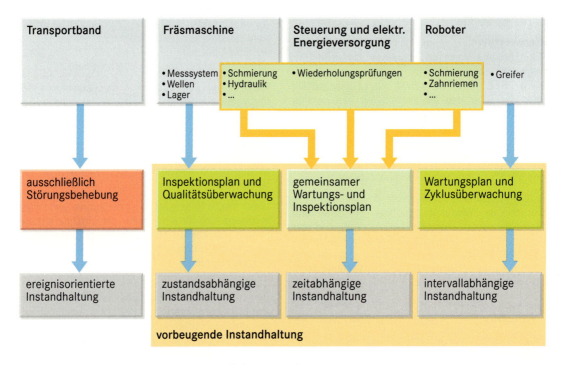

Abb. 1: Zuordnung einzelner Anlagenteile zu Instandhaltungsstrategien

Gesamtanlage

Darüber hinaus gibt es zahlreiche Bauelemente, die häufigeren und regelmäßigen Instandhaltungsmaßnahmen unterzogen werden müssen. Dies sind z. B. Schmierarbeiten und Sichtkontrollen, die keinen großen Zeitaufwand erfordern. Diese Arbeiten werden gemeinsam mit gleichen Tätigkeiten an anderen Teilsystemen durchgeführt (Abb. 1). Sie finden üblicherweise in festen zeitlichen Abständen statt, die sich an den Herstellerangaben orientieren und mit anderen Teilsystemen zu einem Arbeitsvorgang zusammengefasst werden.

2.4 Erstellen des Instandhaltungsplanes

2.4.1 Grundsätze

Die Bearbeitungsstation erfüllt nur dann ihre Anforderungen, wenn alle Teilsysteme gleichzeitig verfügbar sind. Jeweils einzeln abgearbeitete Wartungs- und Inspektionspläne hätten viele unnötige Stillstände der Gesamtanlage zur Folge. Deshalb ist aus den einzelnen Vorgaben ein einheitlicher Plan für die Gesamtanlage zu entwickeln.

Die Eingriffszeitpunkte für Instandhaltungsarbeiten sind bei allen Teilsystemen unterschiedlich. Daher können die Pläne und Empfehlungen nicht einfach in ihrem Originalzustand zusammengefügt werden.

Für die Koordinierung der einzelnen Wartungs- und Inspektionspläne müssen bestimmte Vorüberlegungen angestellt werden, aus denen sich dann für die Praxis einfach anwendbare Grundsätze ableiten lassen.

Gleichartige Baueinheiten in unterschiedlichen Teilsystemen erfordern auch gleiche Instandhaltungstätigkeiten. Es ist daher sinnvoll, diese Tätigkeiten zusammenzufassen. Einfache Tätigkeiten können nach entsprechender Einweisung vom Anlagenführer durchgeführt werden.

Manche Tätigkeiten erfordern einen Stillstand der Maschine. Da dann die gesamte Bearbeitungsstation nicht funktionsfähig ist, sollte dieser Stillstand möglichst gut genutzt werden. Dies erfolgt durch Ausführen von Tätigkeiten mit erforderlichem Anlagenstillstand an allen Teilsystemen.

Arbeiten, die zeitlich und räumlich dicht beieinander liegen, werden ebenfalls zusammengefasst. Ein wichtiges Kriterium für die Zusammenführung einzelner Maßnahmen ist die Frage, ob für die Tätigkeit der Stillstand von mindestens einem Teilsystem erforderlich wird.

Kein Stillstand erforderlich

In diesem Fall ist keine Koordinierung zwischen einzelnen Fachabteilungen (Elektrotechnik, Pneumatik, Hydraulik) erforderlich, d. h. unterschiedliche Abteilungen können unabhängig voneinander an der Anlage arbeiten.

Zahlreiche Arbeiten wie Sichtkontrollen von Messwerten, Füllständen, Anlagenzustand usw. können direkt vom Maschinenführer übernommen werden.

Stillstand erforderlich

Manche Arbeiten machen einen Anlagenstillstand erforderlich (z. B. Wechsel eines Zahnriemens). Während dieser Zeit kann die Anlage nicht mehr produzieren, was zu Ausfallkosten führt. Während einer unvermeidbaren Stillstandszeit sind daher möglichst viele Tätigkeiten auch an anderen Teilsystemen durchzuführen. Dies erfordert unter Umständen die rechtzeitige Koordinierung mehrerer Fachabteilungen.

Um dies zu ermöglichen, müssen die Wartungs- und Inspektionszyklen einzelner Teilsysteme verlängert oder verkürzt werden.

- Gleichartige Wartungs- und Inspektionstätigkeiten an *unterschiedlichen Teilsystemen* sind zusammenzufassen. Hierbei können fachliche Zuordnungen berücksichtigt werden (Schmierarbeiten, elektrische Prüfungen, ...).

- Arbeiten mit *erforderlichem Anlagenstillstand* sind zusammenzufassen.

- Nach jeder Tätigkeit ist eine einheitliche Dokumentation zu erstellen. Diese bildet die Entscheidungsgrundlage für eine spätere Instandhaltungsstrategie.

- Gewählte Instandhaltungsstrategie beachten.

- Tätigkeiten, die der Anlagenführer durchführen kann und darf, sind von diesem zu erledigen.

- Arbeiten die zeitlich und räumlich dicht beieinander liegen zusammenfassen.

2.4.2 Zusammenfassen der Einzelpläne

In den einzelnen Plänen (Tab. 1, Tab. 2, Tab. 3) sind die Zeitintervalle unterschiedlich angegeben (z. B. Betriebsstunden, Monate). Erfolgt die Angabe in Betriebsstunden, so sind kleine Intervalle möglichst exakt einzuhalten. Bei größeren Intervallen oder der Angabe in Monaten ist ein gewisser Spielraum vorhanden, welcher bei der Entwicklung des Gesamtplanes ausgenutzt werden kann.

Da in den Plänen der Fräsmaschine die Intervallangabe sehr präzise in Stunden erfolgt, werden in einem *ersten Schritt* der Plan (Tab. 3) des Roboters sowie die Intervalle der vorgeschriebenen elektrischen Prüfungen formal in Stunden umgerechnet. Im *zweiten Schritt* werden entsprechend der jeweiligen Instandhaltungsstrategie die Maßnahmen herausgenommen, die für den gemeinsamen Plan nicht relevant sind. Das sind z. B. bei der Fräsmaschine das 10.000-Stunden-Intervall im Schmierplan sowie das 1.000-Stunden-Intervall bei den mechanischen Wartungsarbeiten (Tab. 1 und Tab. 2).

Tabelle 1: Schmierplan der Fräsmaschine

Intervall in Betriebsstunden	Nummer im Schmierplan	Index *)	Beschreibung der Wartungsmaßnahmen	
8 h	1	A	Kühlschmierstoffbehälter möglichst voll halten	Schritt 4:
40 h	2	C	Ölstand im Zentralschmiergerät kontrollieren	Verkürzung auf 496
200 h	1	A	Kühlschmierstoff auswechseln, Behälter reinigen	
	2	A	Öl in das Zentralschmiergerät auffüllen	
	3	C	Ölstand im Hydraulikaggregat kontrollieren	
	4	C	Ölstand im Spindelschlitten kontrollieren	
1000 h	2	A	Öl in das Zentralschmiergerät auffüllen	
	3	A	Öl in das Hydraulikaggregat auffüllen	
	4	A	Öl im Getriebe auswechseln	
		A	Öl im Spindelschlitten auswechseln	Schritt
10000 h	5		Überprüfung Fräskopf und horizontales Spindellager	entfällt

Tabelle 2: Mechanische Wartungsarbeiten an der Fräsmaschine

Intervall in Betriebsstunden	Nummer im Schmierplan	Index *)	Auszuführende Arbeit	
8 h	1	A	Filtersieb für Kühlschmieranlage reinigen	Schritt 4:
40 h	6	A	Maschine reinigen	Verkürzung auf 496
	5	A	Scheiben reinigen	
200 h	5	D	Spannzangen	
500 h	3	C	Kontrolle der Schlauchanschlüsse des	Schritt 4:
			– Zentralschmierungssystems	Verkürzung auf 496
			– Hydrauliksystems	
	4	A	Reinigen der Behälter der Wartungseinheit	
1000 h	5	C	Werkzeugaufnahmekegel auf Beschädigung kontrollieren	Schritt
			Rundlauf der Frässpindel prüfen	entfällt
	4	C	Zustand der Führung und der Abstreifer kontrollieren	

Tabelle 3: Wartungs-/Inspektionshinweise für den Roboter

Tätigkeit	Wartungsintervall	Wartungspersonal	Schritt
Prüfung der Befestigungsschrauben	6 monatlich	Bediener	960 h
Prüfung der Ausrichtung der Roboterbasis	6 monatlich	Spezialist	960 h
Schmierung der Kugelumlaufspindel der 3. Achse (z-Achse)	3 monatlich	Spezialist	480 h
Prüfung der Spannung des Antriebsriemens der 3. Achse (z-Achse)	3 monatlich	Spezialist	480 h
Überprüfung der Signalleuchten auf dem Bedienerinterface	1 monatlich	Bediener	160 h

Bemerkung:
Der Zeitraum zwischen den einzelnen Wartungszyklen ist abhängig vom individuellen Einsatz des Systems und den Umgebungsbedingungen.

Alle Angaben in obiger Tabelle sind daher nur Anhaltswerte, die an die vorhandenen Ansprüche angepasst werden müssen.

*) Hinweis: Alternative Darstellung von Schmierplänen in Kap. 3.6, S. 51

Zusammenfassen der Einzelpläne / summarizin of single plans

Tabelle 4: Wartungs-/Inspektions-Intervall 1 (WII 1)

Lf. Nr. .... Verantwortlicher: Bediener (*H. Decker*) ← Schritt 5:						
Hinweis: alle 8 Stunden durchzuführen						
Fräs-maschine	Dat.	Kzz.	Nummer im Schmierplan	Index *)	Beschreibung der Wartungsmaßnahmen	Bemerkungen
			1	A	Kühlschmierstoffbehälter möglichst voll halten	
	Dat.	Kzz.	Nummer im mech. Plan	Index *)	Auszuführende Arbeit	
			1	A	Filtersieb für Kühlschmier-anlage reinigen	

Tabelle 5: Wartungs-/Inspektions-Intervall 3 (WII 3)

Lf. Nr. .... Verantwortlicher: Bediener (*H. Decker*) ← Schritt 5:						
Hinweis: alle 160 Stunden durchzuführen						
Fräs-maschine	Dat.	Kzz.	Nummer im Schmierplan	Index *)	Beschreibung der Wartungsmaßnahmen	Bemerkungen
			1	A	Kuhlschmierstoffbehälter möglichst voll halten	
			2	C	Ölstand im Zentralschmiergerät kontrollieren	
	Dat.	Kzz.	Nummer im mech. Plan	Index *)	Auszuführende Arbeit	
			1	A	Filtersieb für Kühlschmier-anlage reinigen	
			6	A	Maschine reinigen	
			5	A	Scheiben reinigen	
Roboter	Dat.	Kzz.	Tätigkeit			
			Überprüfung der Signalleuchten auf dem Bedienerinterface			

Tabelle 6: Wartungs-/Inspektions-Intervall 6 (WII 6)

Lf. Nr. .... Verantwortlicher: Bediener (*H. Kaese*) ← Schritt 5:						
Hinweis: alle 496 Stunden durchzuführen						
Fräs-maschine	Dat.	Kzz.	Nummer im Schmierplan	Index *)	Beschreibung der Wartungsmaßnahmen	Bemerkungen
			1	A	Kühlschmierstoffbehälter möglichst voll halten	
			3	C	Kontrolle der Schlauch-anschlüsse des – Zentralschmierungssystems – Hydrauliksystems	(500 Stunden-maßnahme)
			4	A	Reinigen der Behälter der Wartungseinheit	
	Dat.	Kzz.	Nummer im mech. Plan	Index *)	Auszuführende Arbeit	
			1	A	Filtersieb für Kühlschmier-anlage reinigen	

Die verbleibenden Positionen aller drei Teilsysteme werden nun in einem **dritten Schritt** einander gegenüber gestellt (Tab. 1, 2, 3). Als **vierter Schritt** erfolgt unter Berücksichtigung der formulierten Grundsätze die Bildung von Wartungs- und Inspektions-Intervallen (WII) (Tab. 4, 5, 6). Insgesamt ergeben sich acht verschiedene Wartungs- und Inspektions-Intervalle zu unterschiedlichen Zeiten mit differierenden Inhalten. Entsprechend dem Grundsatz, Tätigkeiten, die zeitlich beieinander liegen, zusammenzufassen, wird das 500-Stunden-Intervall (mech. Wartungsplan der Fräsmaschine) auf 496 h verkürzt. Dies ist möglich, da das 500-Stunden-Intervall diese Verschiebung im Gegensatz zum 8-Stunden-Intervall zulässt. Dadurch wird ein unnötiger Stillstand der Maschine vermieden. In einem letzten, dem **fünften Schritt**, werden die Wartungs- und Inspektions-Intervalle in einem Gesamtplan zusammengefasst und Verantwortliche festgelegt. Für die Durchführung der Intervalle WII 1, WII 2 und WII 3 kann nach entsprechender Einweisung der Anlagenführer beauftragt werden.

Die durchzuführenden Arbeiten bei den anderen Wartungs- und Inspektions-Intervallen erfordern die Qualifikation eines geschulten Instandhalters. Zur Vereinfachung sind in die Intervalle WII 4 bis WII 8 Tätigkeiten aus WII 1 bis WII 3 integriert (Tab. 6).

Zusammenfassend lässt sich die Entstehung eines Wartungs- und Inspektionsplanes wie folgt beschreiben:

Ausgehend von den Erkenntnissen und Erfahrungen der verschiedenen Fachgebiete lassen sich spezifische Wartungs- und Inspektionshinweise für deren Teilsysteme und Komponenten ableiten. Diese wiederum bilden die Basis der Wartungs- und Inspektionsvorschriften bei komplexeren Teilsystemen. Für ein Gesamtsystem, welches mehrere Teilsysteme integriert, werden die Wartungs- und Inspektionsvorschriften dieser Teilsysteme entsprechend verknüpft. Hierbei werden die vorgestellten Koordinations- und Zusammenfassungskriterien zum Gesamtwartungs- und Inspektionsplan verwendet (Abb. 2).

Aufgaben

1. Nennen Sie die Teilsysteme, die pneumatische Komponenten enthalten.

2. An welchen Teilsystemen ist die Fachabteilung „Hydraulik" bei der Instandhaltung beteiligt?

3. Was beeinflusst die Stillstandszeit einer Anlage im Störungsfall?

4. Nennen Sie Instandhaltungsarbeiten, die nur im Stillstand durchgeführt werden können.

5. Welche Instandhaltungsarbeiten lassen sich bei laufender Anlage durchführen?

6. Wie kann sich die Ausfallhäufigkeit mit zunehmendem Anlagenalter verändern und welche Ursachen gibt es hierfür?

7. Wozu dient eine ausführliche Dokumentation der Instandhaltungsmaßnahmen?

8. Welche Instandhaltungsstrategie wählen Sie in den folgenden Fällen?

a) Ein sehr teures Ersatzteil hat seine Abnutzungsgrenze immer nach 10.000 Betriebsstunden erreicht.

b) Eine Meldeleuchte fällt immer im Zeitraum zwischen 6 und 12 Monaten aus.

9. Welche Grundsätze gelten für das Zusammenführen mehrerer Wartungs-/Instandhaltungspläne?

10. Erstellen Sie mit Hilfe der Pläne auf Seite 20 die Wartungs- und Inspektionsintervalle 2 und 8.

Wartungs-/Inspektions-Intervall 2 (WII 2)/8

Lf. Nr.	Verantwortlicher:					
Fräsmaschine	Dat.	Kzz.	Nummer im Schmierplan	Index	Beschreibung der Wartungsmaßnahmen	Bemerkungen
Roboter	Dat.	Kzz.	Tätigkeit			

Wartungs-/Inspektionsplan des gesamten Systems / maintenance/inspection plan of the complete system

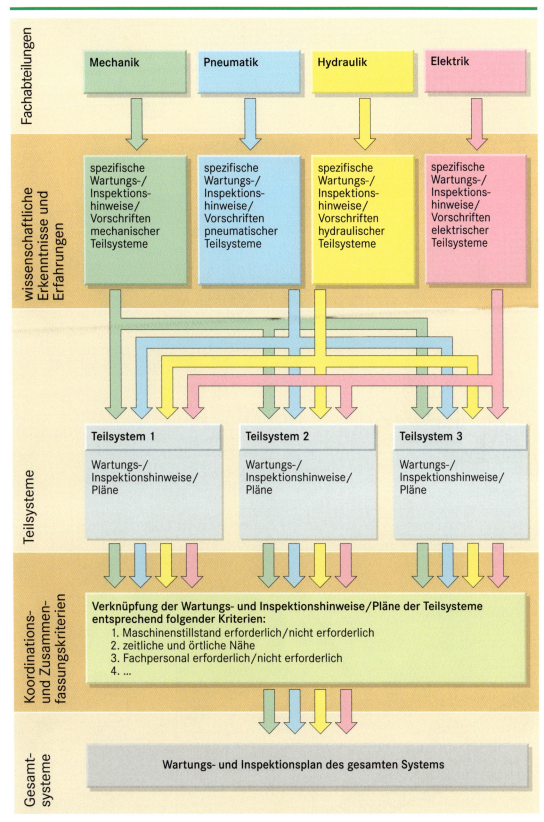

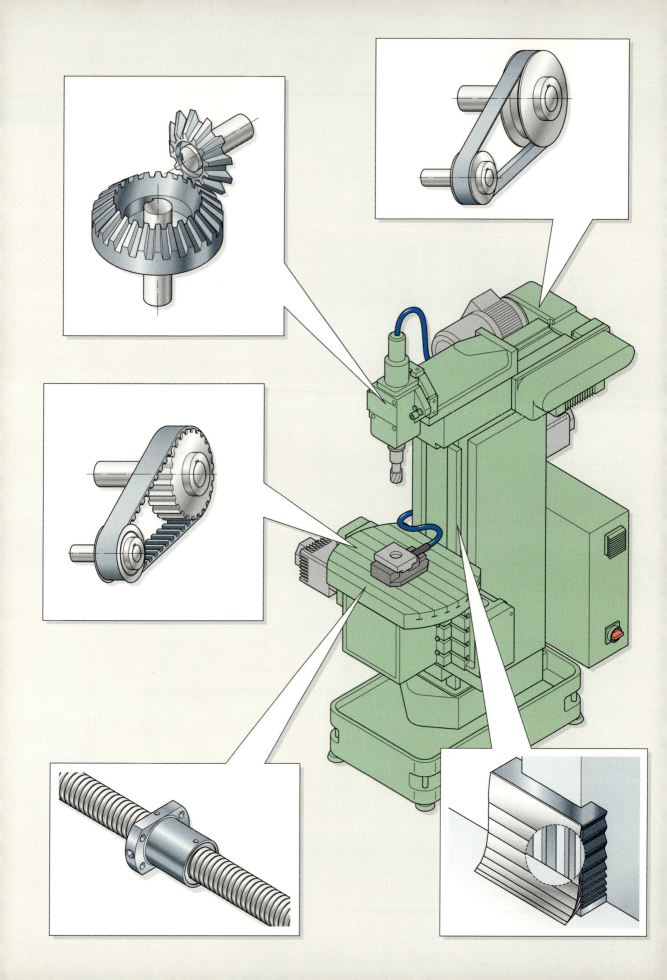

Mechanische Einheiten

3

Mechanische Einheiten sind vorwiegend Funktionseinheiten zur Energieübertragung, zum Stützen und Tragen.

Die Energieübertragungseinheiten leiten die Bewegungsenergie weiter und formen dabei die Drehmomente, Kräfte und Bewegungen um. Zu den Energieübertragungseinheiten gehören:

- Riemengetriebe,
- Kupplungen,
- Zahnradgetriebe oder
- Kettengetriebe.

Die Stütz- und Trageinheiten führen und tragen die Baugruppen und Bauelemente zur Energieübertragung und nehmen die Kräfte und Drehmomente auf. Zu den Stütz- und Trageinheiten gehören:

- Maschinengestelle,
- Führungen und
- Lager.

Beim Übertragen der Kräfte und Drehmomente nutzen sich die Funktionseinheiten aufgrund ihrer Beanspruchung ab. Um die Abnutzung möglichst gering zu halten, werden die Teilsysteme geschmiert. Dabei werden unterschiedliche Schmierverfahren und Schmierstoffe eingesetzt.

Funktionseinheiten wie Führungen, Lager oder Getriebe müssen entsprechend instand gehalten werden, damit sie die Kräfte und Drehmomente über ihre gesamte Lebensdauer zuverlässig übertragen und die Bewegungen genau ausführen.

Sie sind standardisierte Baueinheiten, die in mechanischen Teilsystemen häufig verwendet werden. Bei der Instandhaltung dieser Teilsysteme sind bestimmte Maßnahmen durchzuführen. Diese Maßnahmen sind weitgehend unabhängig von der Art des technischen Systems, in dem sie verwendet werden.

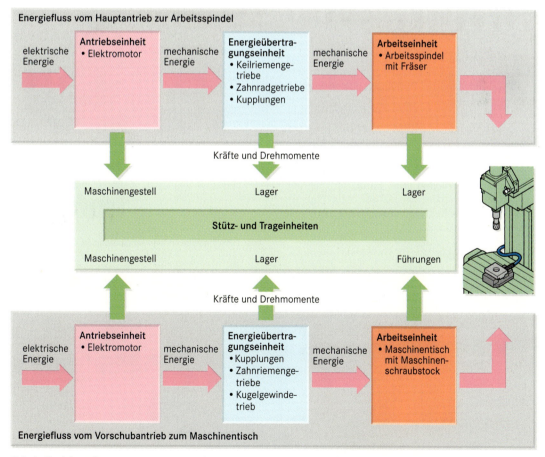

Abb. 1: Blockdarstellung

3.1 Führungen, Abdeckungen und Abstreifer

Aufbau/Funktion

An einer Fräsmaschine führen Maschinentisch und Querschlitten geradlinige Bewegungen aus. Daraufhin kommt es zur Reibung und zum Verschleiß der Führungen. Um den Verschleiß zu mindern, ist eine Schmierung notwendig (Grundlagen, S. 28). Durch das Fräsen werden Werkstücke mit einer großen Form- und Maßgenauigkeit gefertigt. Das erfordert ein geringes Spiel der Maschinenteile zueinander. Dies gilt insbesondere für die Führungen (Abb. 1).

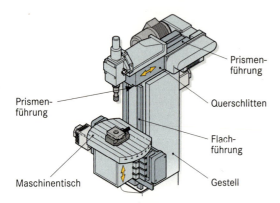

Abb. 1: Führungen an einer Fräsmaschine

! Führungen stützen und führen bewegliche Maschinenteile. Die Bewegungen sollen dabei mit geringen Reibungsverlusten übertragen werden.
Führungen bestehen aus einem Führungskörper und einem Gleitkörper. Beide müssen formschlüssig zueinander passen.

Führungen werden nach ihrer *Form* oder der *Reibungsart* unterschieden. Die Form der Führung kann rund, flach oder prismatisch sein (Tab. 1). Entsprechend der Reibung unterscheidet man Gleit- oder Wälzführungen.

Zum Schutz von Führungen gegen Verschmutzung oder Zerstörung durch Späne oder aggressive Kühlschmierstoffe werden verschiedene Abdeckungen verwendet.

Man unterscheidet unter anderem folgende Einzelformen:

- *Faltenbalg mit beweglichen Teleskopblechen*
- *Faltenbalg mit starren Teleskopblechen*
- *Teleskopabdeckungen*

Ein Faltenbalg mit beweglichen Teleskopblechen ist zum Schutz der verschiedenen Faltenbalgmaterialien (z. B. Kunststoffe, PU beschichtete Trägermaterialien oder Leder) mit gelenkig gelagerten Teleskopblechen versehen (Abb. 2a). Die Bleche liegen übereinander. Hingegen besteht bei einem Faltenbalg mit starren Teleskopblechen ein ständiger Andruck der einzelnen Teleskopbleche über dem Faltenbalg (Abb. 2b). Diese verschieben sich entsprechend der Bewegung des Maschinentisches zueinander. Beide Arten von Faltenbälgen werden in jeder Falte durch einen Kunststoffrahmen abgestützt.

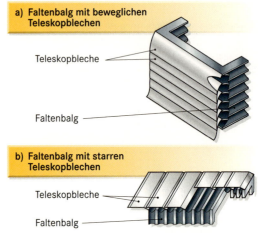

Abb. 2: Faltenbälge an Werkzeugmaschinen

Tab. 1: Führungen

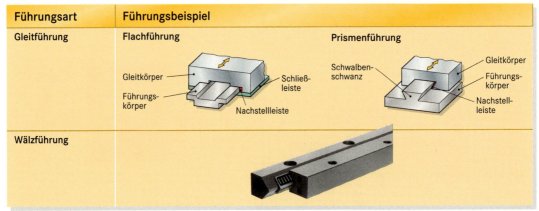

Führungen, Abdeckungen und Abstreifer / guides, coverings and wiper

Entstehen beim Bearbeiten von Werkstücken auf Werkzeugmaschinen glühende oder große Späne, werden Teleskopabdeckungen verwendet (Abb. 3).

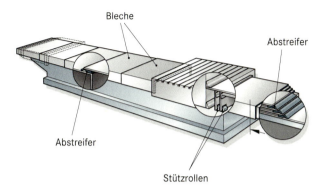

Abb. 3: Teleskopabdeckung

Die einzelnen Abdeckbleche werden durch die Maschinenbewegungen ineinander geschoben. Zum Schutz sind an den Blechen Abstreifer montiert. Es werden Abstreifer an Führungen und Abdeckungen unterschieden. Die Abstreifer beseitigen Späne und Kühlschmierstoffe von der Oberfläche der Führung oder Abdeckung (Abb. 4).

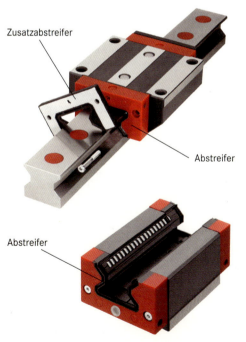

Abb. 4: Abstreifer

Das Abstreifen unerwünschter Fremdpartikel und Flüssigkeiten erfolgt durch die Maschinenbewegung. Entsprechend der Form oder Beanspruchung der Führung werden unterschiedliche Abstreiferformen und Materialien verwendet.

Schmieren und Reinigen
• Führungen / Abstreifer

Führungen können mit verschiedenen Ölen oder Fetten geschmiert werden. Bei der Verwendung von Öl erfolgt dies direkt von Hand mit der Ölkanne oder über unterschiedliche Öler (→) bzw. durch eine Zentralschmierung (siehe Kap. 3.6, S. 50).

Beim Einsatz von Ölern ist darauf zu achten, dass ein ausreichender Ölvorrat vorhanden ist.

Werden Zentralschmierungen verwendet, ist der Füllstand am Ölbehälter zu kontrollieren. Hierzu sind die Ölbehälter mit einer Füllstandsmarkierung versehen. Ist die Zentralschmierung mit einer Handpumpe ausgestattet, wird das Öl über die Pumpe an die Schmierstellen gefördert.

Fette können durch eine Fettpresse in verschiedene Schmiernippel (→) eingebracht werden.

An den Schmieranschlüssen der Führungen ist somit eine Montage von Schmiernippeln oder Leitungen der Zentralschmierung möglich.

Über die Schmierung der Führungen werden auch die Abstreifer mit Schmierstoff versorgt. Führungen und Abstreifer sind regelmäßig zu reinigen.

• Faltenbälge mit starren und beweglichen Teleskopblechen

Faltenbälge sind weitgehend wartungsfrei. Verschmutzungen müssen regelmäßig entfernt werden.

Verrutschte Teleskopbleche sind wieder in ihre Ausgangslage zu bringen (Abb. 5).

Abb. 5: Fräsmaschine mit Faltenbälgen

• Teleskopabdeckungen

Eine Reinigung erfolgt im ausgefahrenen Zustand der Teleskopabdeckung (Abb. 3).

 Teleskopabdeckungen dürfen nicht mit Pressluft gereinigt werden. Es besteht die Gefahr, dass Schmutzanteile oder Späne ins Innere der Abdeckung gelangen. Dies führt zur Beschädigung sowie zum Verschleiß der einzelnen Abdeckungsbauteile.

Wartung

Bei der Bearbeitung von Grauguss entstehen Verkrustungen auf der Abdeckungsoberfläche. Werden die Graugussspäne nicht entfernt, kommt es beim Anfahren der Maschine zur Zerstörung der Abdeckung. Nach der Reinigung sind alle Blechsegmente von außen mit einem nicht harzenden Öl abzureiben. Werden die Teleskopabdeckungen für Inspektionsarbeiten demontiert, ist vor dem Montieren der einzelnen Bleche deren Unterseite mit einem dünnflüssigen Öl einzusprühen.

Inspektion

Sichtprüfung

- **Führungen/Abstreifer**

Führungen und *Abstreifer* sind in regelmäßigen Abständen auf Verschleiß und Korrosion zu untersuchen.

Mit zunehmender Betriebsdauer erhöhen sich die Abnutzung der Führung und somit das Führungsspiel. Das Spiel ist mit Hilfe einer Fühlerlehre zu prüfen.

> **!** Die Inspektion von Führungen erfolgt durch eine Sichtkontrolle hinsichtlich Verschleiß und Korrosion. Um nicht sichtbaren Verschleiß zu untersuchen, sind Röntgen- oder Ultraschallprüfungen möglich.

Defekte Abstreifer sind an einer Schlierenbildung auf der Führung oder Teleskopabdeckung zu erkennen.

- **Faltenbälge mit starren und beweglichen Teleskopblechen**

Faltenbälge sind auf Risse und Verformungen zu kontrollieren. Ebenso ist der feste Sitz der Schraubenverbindungen zu prüfen.

- **Teleskopabdeckungen**

Teleskopabdeckungen sind auf äußere Beschädigungen zu untersuchen.

Die Teleskopabdeckungen dürfen in der Regel nicht begangen werden, was an entsprechenden Hinweisschildern zu erkennen ist.

Mit der Säuberung der Maschinenführungen werden gleichzeitig die Führungs- und Stützelemente der Teleskopabdeckung inspiziert.

Stütz- und Führungsgleiter sind auf Abrieb oder Beschädigungen zu kontrollieren. Ebenso ist die Leichtgängigkeit der Stützrollen zu prüfen (Abb. 3, S. 27).

Grundlagen

Die Ursache für den Verschleiß ist die Reibung (). Den Zusammenhang zwischen Reibung, Verschleiß und Schmierung bezeichnet man als Tribologie (Abb. 1).

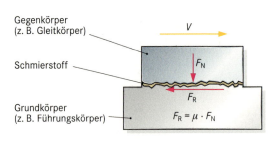

Abb. 1: Führung als Tribologisches System

Reibung

In Abhängigkeit von der Geschwindigkeit und Belastung der Bauteile werden folgende Reibungszustände unterschieden (Abb. 2):

- *Flüssigkeitsreibung*
- *Festkörperreibung*
- *Mischreibung*

Durch die Schmierung der Bauteile soll eine Flüssigkeitsreibung erzeugt werden.

Um eine lange Lebensdauer von Maschinen und technischen Systemen zu gewährleisten, ist eine Misch- oder Festkörperreibung zu vermeiden.

Abb. 2: Reibungszustände

Flüssigkeitsreibung

Bei der Flüssigkeitsreibung trennt die beiden Reibpartner ein lückenloser flüssiger Schmierstofffilm (Abb. 2a). Durch eine hohe Geschwindigkeit der Bauteile, eine geringe Belastung und die ausreichende Menge von Schmierstoff kann eine Flüssigkeitsreibung erzeugt werden.

Führungen, Abdeckungen und Abstreifer / guides, coverings and wiper

Festkörperreibung
Bei einer Festkörperreibung berühren sich die aufeinander gleitenden Reibpartner unmittelbar. Dabei werden Oberflächenerhöhungen verformt oder abgeschert (Abb. 2b).

Mischreibung
Die Mischreibung besteht aus gleichzeitiger Festkörper- und Flüssigkeitsreibung.

Die Gleitflächen sind mit einem Schmierstoff benetzt, berühren sich aber an einigen Stellen (Abb. 2c).

Wird die Geschwindigkeit der Bauteile reduziert oder wird die Belastung erhöht, entsteht aus der Flüssigkeitsreibung eine Mischreibung. Dieser Zustand entsteht bei einer Maschinenbewegung aus dem Stillstand. Mischreibung entsteht oft durch unzureichende Schmierung.

Verschleiß

Verschleiß ist der fortschreitende Materialverlust aus der Oberfläche eines festen Körpers. Er entsteht durch verschiedene Verschleißmechanismen.

Auch bei einer vollständigen Trennung von Grund- und Gleitkörper kommt es zu einer Materialabnutzung. Die Ursache liegt in der Reibung zwischen dem Schmiermittel und den Rauheitsspitzen des Oberflächenprofils.

Die Verschleißmechanismen treten in verschiedenen Erscheinungsformen auf (Tab. 1).

Oberflächenzerrüttung
Oberflächenzerrüttungen entstehen durch die wechselnde, stoßweise Belastung der Bauteile. Dadurch bilden sich Risse in der Oberfläche (Abb. 3).

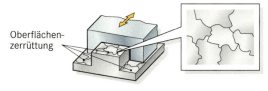

Abb. 3: Oberflächenzerrüttung

Abrasion
Abrasion entsteht, wenn die Oberfläche des Grundkörpers durch die Rauheitsspitzen des Gegenkörpers gefurcht und dadurch abgetragen wird. Ebenso erfolgt durch Festkörper im Schmierstoff ein Abtrag (Abb. 4).

Abb. 4: Abrasion

Adhäsion
Adhäsion entsteht, wenn Bauteile ohne Schmiermittel aufeinander gleiten.

Durch hohen Druck kommt es zur Berührung der Flächen. Dies führt zum Abreißen, Abscheren und Verformen der Verbindungsbrücken.

Der Verschleiß durch Adhäsion macht sich durch „Fresserscheinungen" an den Führungen bemerkbar (Abb. 5).

Abb. 5: Adhäsion

Tribochemische Reaktion
Eine tribochemische Reaktion der Bauteile entsteht, wenn Grund- und Gegenkörper mit dem Schmiermittel chemisch reagieren. Hierdurch entsteht ein Abtrag an den Bauteiloberflächen (Abb. 6).

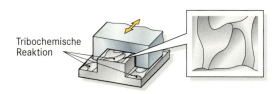

Abb. 6: Tribochemische Reaktion

Tab. 1: Verschleißmechanismen

Verschleißmechanismus	Erscheinungsform
Oberflächenzerrüttung	Risse, Grübchen
Abrasion	Kratzer, Riefen, Mulden
Adhäsion	Fresser, Löcher, Schuppen
Tribochemische Reaktion	Reaktionsprodukte wie Schichten und Partikel

Instandsetzung

Austauschen und Nachstellen

- **Führungen**

Entsprechend der Abnutzungserscheinung werden verschiedene Maßnahmen der Instandsetzung ergriffen (Tab. 1).

- **Abstreifer**

Beschädigte oder zerstörte Abstreifer sind auszutauschen. Dies kann einzeln oder in Verbindung mit der Führung ausgeführt werden.

- **Abdeckungen**

Um einen störungsfreien Betrieb der Abdeckungen zu gewährleisten, ist bei Verschleiß der Bauteile ein Austausch vorzunehmen (Tab. 2).

 Unabhängig von der Laufzeit der Führungen, Abstreifer und Abdeckungen sind verschlissene Teile in jedem Fall auszutauschen. Die Ursachen für einen vorzeitigen Verschleiß sind zu beseitigen, damit keine Folgeschäden eintreten.

Tab. 2: Instandsetzung von Abdeckungen

Abnutzungserscheinung	Instandsetzungsmaßnahmen
Faltenbälge: Abnutzung, Verformung, Risse	Austausch der Faltenbälge
Teleskopabdeckungen: Verformung der Bleche	Austausch oder Reparatur (Ausbeulen/Zurückbiegen) der Teleskopbleche
Verschlissene Führungs- und Stützelemente	Austausch der Stütz- und Führungsleiter sowie der Führungsrollen
Abgenutzte oder eingerissene Abstreifer	Austausch der Abstreifer

Tab. 1: Instandsetzung von Führungen

Abnutzungserscheinung	Ursachen		Instandsetzungsmaßnahmen
Adhäsion	• hoher Druck an Berührungsflächen bei geringer Gleitgeschwindigkeit • Verschleiß durch Abscheren, Verformen und Abreißen		• Ersetzen durch neue Führungsbahnen
Abrasion	• Rauheitsspitzen der Führungsflächen führen zum Abtrag	mangelhafte und falsche Schmierung	• Schleifen und Schaben • Verschleißleisten aufschrauben • Streifen aus Hartgewebe oder Kunststoff aufkleben
Oberflächenzerrüttung	• Bestandteile des Abriebs oder Späne gelangen zwischen die Gleitflächen (Abstreifer defekt) • wechselnde Bewegungsrichtungen und -beträge		• Ausfräsen schadhafter Stellen und Aufkleben neuer Führungsflächen
Korrosion	• ungenügender aktiver und passiver Korrosionsschutz		
zu großes Spiel zwischen den Führungsflächen	• Verschleiß der Führungen • Lockerung der Nachstell- und Keilleisten		• Führungen nachstellen - Nachstellleisten werden durch seitliche Druckschrauben eingestellt. - Keilleisten werden durch stirnseitige Schrauben verschoben.

Zusammenfassung / summary

An allen Führungen, Abdeckungen und Abstreifern sind Schraubenverbindungen und ggf. Schraubensicherungen vorhanden.

Diese werden auf ihren festen Sitz oder Beschädigungen geprüft. Bei Lockerungen erfolgt deren Befestigung oder im Schadensfall ein Austausch.

Führungen		**Abdeckungen**		**Abstreifer**
Gleitführungen	Wälzführungen	Faltenbälge mit Teleskopblechen (beweglich / starr)	Teleskopabdeckungen	
Wartung				
– Reinigen		– Reinigen	– Reinigen	– Reinigen
– Schmieren mit Öl o. Fett			– Einölen	– Schmieren über die Führungen
Inspektion				
– Sichtkontrolle auf Verschleiß und Korrosion		– Sichtkontrolle auf Verformung, Risse und Lockerungen	– Sichtkontrolle auf Beschädigung der Blechabdeckungen	– Sichtkontrolle auf Abrieb, Risse und Verformung
– Prüfung des Spiels mit Fühlerlehre			– Sichtkontrolle auf Verschleiß der Führungs- und Stützelemente	
– Ultraschall- oder Röntgenprüfung				
Instandsetzung				
– Nachstellen des Führungsspiels		– Austauschen der Faltenbälge	– Austauschen der Faltenbälge	– Austauschen der Abstreifer
– Ersetzen schadhafter Führungsflächen				
– Austauschen der Führungen				

Aufgaben

1. Erklären Sie die Verschleißursachen an Führungen.

2. Führungen müssen geschmiert werden.
a) Auf welche Weise kann die Schmierung erfolgen?
b) Erklären Sie die Wirkung einer ausreichenden Schmierung.

3. Reibung tritt an allen bewegten Bauteilen auf.
a) Welche Reibungsart sollte an den Bauteilen auftreten? Begründen Sie Ihre Aussage.
b) Welche Ursachen führen zu einer Mischreibung?

4. Fehlt das Schmiermittel zwischen zueinander bewegten Bauteilen kommt es zum Verschleiß.
a) Welcher Verschleißmechanismus entsteht?
b) Beschreiben Sie den Verschleißablauf.

5. Warum dürfen Führungen oder Abdeckungen nicht mit Pressluft gereinigt werden?

6. Auf einer Fräsmaschine mit Teleskopabdeckung werden Werkstücke aus Grauguss gefertigt.
a) Wann ist eine Reinigung der Teleskopabdeckung notwendig?
b) Beschreiben Sie die Folgen einer unterlassenen Reinigung der Abdeckung.

7. Bleche einer Teleskopabdeckung sind einzuölen. Welche Eigenschaften sollte die zu wählende Ölsorte haben?

8. Auf der Oberfläche einer Führung bilden sich Schlieren.
a) Erklären Sie die Ursachen für die Schlierenbildung.
b) Beschreiben Sie die Maßnahmen zur Beseitigung der Schlierenbildung.

9. Abdeckungen schützen Führungen vor einer Beschädigung. Unter welchen Bedingungen werden Faltenbälge mit starren Teleskopblechen oder Teleskopabdeckungen eingesetzt?

3.2 Riemengetriebe

Aufbau/Funktion

Die Antriebsenergie der Elektromotoren wird bei der Fräsmaschine durch Riemengetriebe übertragen. Die biegeweichen Riemen umschlingen die Riemenscheiben und nehmen die Umfangskräfte als Zugkräfte auf. Riemengetriebe dämpfen Schwingungen und stoßartige Belastungen.

Bei den Riemengetrieben werden Keilriemengetriebe und Zahnriemengetriebe unterschieden.

Keilriemengetriebe (Abb. 1) übertragen die Umfangskräfte durch Reibung zwischen den schrägen Flanken von Keilriemen und Keilriemenscheibe.

Bei Zahnriemengetrieben (Abb. 2) greifen die Zähne des Zahnriemens in die Verzahnung der Zahnscheiben ein und übertragen dadurch die Kräfte.

Die ordnungsgemäße Funktion eines Riemengetriebes hängt im Wesentlichen von der richtigen Vorspannung des Keilriemens bzw. Zahnriemens ab.

Eine zu geringe Vorspannung von Keilriemen führt zu ungenügender Kraftübertragung, Durchrutschen mit erhöhter Geräuschbildung und vorzeitigem Verschleiß der Keilriemenflanken durch Schlupf.

Eine zu geringe Vorspannung von Zahnriemen führt zu Gleichlaufschwankungen und begünstigt das Überspringen der Riemenzähne.

Eine zu hohe Vorspannung von Keil- und Zahnriemen führt zu erhöhter Beanspruchung der Zugstränge sowie zu hoher Belastung der Lager und Wellen.

Erhöhter Riemenverschleiß ergibt sich auch durch fehlerhafte Ausrichtung der Riemenscheiben (Abb. 3). Die Riemenscheiben müssen in einer Ebene zueinander liegen und miteinander fluchten. Fehlerhaft ausgerichtete Riemengetriebe erzeugen außerdem übermäßige Laufgeräusche.

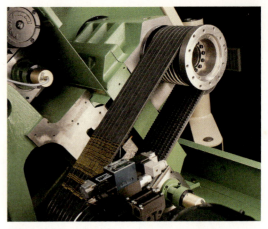

Abb. 1: Keilriemengetriebe

Abb. 2: Zahnriemengetriebe

Riemengetriebe erhalten aus Sicherheitsgründen eine Abdeckung. Die Abdeckung soll das Getriebe auch vor Verschmutzung (z. B. durch Späne und Staub) sowie vor Einwirkungen von Kühlschmierstoffen oder Schmierstoffen schützen. Schmierstoffe setzen die Reibung zwischen den Keilriemenflanken herab und greifen das Gewebe der Riemen an. Grobe Schmutzpartikel können Riemen und Riemenscheiben beschädigen.

Wartung

Bei Riemengetrieben erstreckt sich die Wartung vorwiegend auf das Reinigen des Getriebes.

Riemengetriebe reinigen

Beim Reinigen fallen folgende Arbeiten an:

- Beseitigen von möglichen Fremdkörpern im Bereich der Riemenscheiben und der Riemen.
- Beseitigen des Abriebes der Riemen, z. B. durch Absaugen.
- Reinigen der Riemenscheiben. Die Riemenscheiben müssen frei von Rost, Schmutz, Fett und Öl sein.

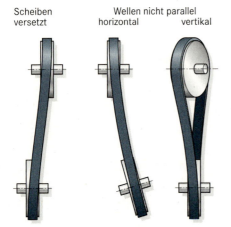

Abb. 3: Ausrichtfehler bei Riemengetriebe

Riemengetriebe / belt transmissions

Inspektion Um den Zustand des Riemengetriebes zu beurteilen, kann es notwendig sein, Teile der Getriebeabdeckung zu demontieren.

Äußeren Zustand prüfen

Beim Begutachten sollte auch der Pflegezustand des Getriebes wie Sauberkeit, Korrosionserscheinungen und Zustand der Sicherheitsabdeckungen überprüft werden. Die Prüfung ist bei laufender und stillstehender Maschine durchzuführen. Dabei ist auch auf ungewöhnliche Geräusche und zu hohe Umgebungstemperaturen zu achten.

Zustand des Keilriemens bzw. Zahnriemens prüfen

Nach längerem Einsatz zeigen Riemen meist Abnutzungserscheinungen unterschiedlichster Art. Solche Erscheinungen sind zu begutachten und zu beurteilen. Je nach Zustand muss entschieden werden, ob der Riemen zu wechseln ist und welche weiteren Instandsetzungsmaßnehmen zu treffen sind (siehe Tab. 1, S. 35).

Vorspannung prüfen

Die Vorspannung von Keilriemen und Zahnriemen kann subjektiv durch einfache Methoden erfolgen. Bei Keilriemen wird überprüft, wie weit sich der Riemen durchbiegt, wenn er mit dem Daumen in der Mitte belastet wird (Abb. 4a). Bei Zahnriemen überprüft man, wie weit sich der Riemen verdrehen lässt, wenn er in der Mitte an einer Kante mit dem Daumen belastet wird (Abb. 4b).

Solche Methoden erfordern viel Erfahrung. Genauer sind Messmethoden. Zum Messen der Vorspannung werden unterschiedliche Verfahren eingesetzt:

- Durchbiegeverfahren

Beim Durchbiegeverfahren wird mit einem Vorspannungsmessgerät in der Mitte des Riemens die auftretende Riemenauslenkung bei einer vorgegebenen Prüfkraft gemessen (Abb. 5). Stimmt die Auslenkung mit dem im Inspektionsplan angegebenen Wert überein, ist der Riemen ordnungsgemäß vorgespannt.

- Frequenzmessverfahren

Beim Frequenzmessverfahren wird die Eigenfrequenz des durch Anschlagen in Eigenschwingung versetzten Riemens ermittelt (Abb. 6). Diese Eigenfrequenz wird von der Messsonde mittels getaktetem Licht gemessen. Dazu wird die Sonde etwa über die Mitte des Antriebsriemens gehalten. Stimmt die gemessene Frequenz mit der im Inspektionsplan angegebenen Frequenz überein, ist der Riemen ordnungsgemäß vorgespannt.

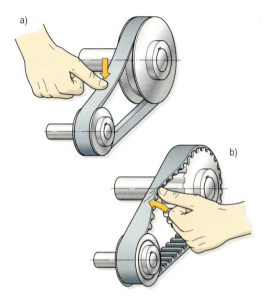

Abb. 4: Subjektive Vorspannungsprüfung

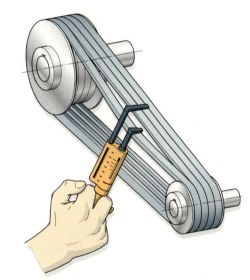

Abb. 5: Durchbiegeverfahren

Abb. 6: Frequenzmessverfahren

- **Schallwellenmessverfahren**

Bei dem Schallwellenmessverfahren werden die Schallwellen aufgenommen, die der Antriebsriemen abgibt, wenn man ihn anschlägt. Die Eigenfrequenz wird umgerechnet und auf einem Display digital angezeigt.

Sitz der Riemenscheiben prüfen

Es ist zu überprüfen, ob die Riemenscheiben fest auf den Wellenenden sitzen. Die Scheiben dürfen sich in axialer Richtung nicht verschieben lassen. Sind Spannelemente als Welle-Nabe-Verbindungen eingebaut, sollte auch das Anzugsmoment der Spannschrauben überprüft werden (Abb. 1).

Abb. 1: Riemenscheibenbefestigung

Ausrichtzustand der Riemenscheiben prüfen

Das Fluchten der Riemenscheiben kann mit zwei unterschiedlichen Methoden kontrolliert werden:

- **Ausrichten mit Lineal**

Hierbei wird auf die Stirnseiten der Riemenscheiben ein Lineal oder bei größeren Achsabständen ein Stahlband gelegt. Bei fehlerhaftem Ausrichtzustand liegen Lineal oder Stahlband nicht vollständig an den Stirnseiten beider Riemenscheiben an (Abb. 2).

Wellen nicht parallel

Scheiben versetzt
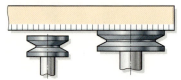

Abb. 2: Ausrichten mit Lineal

- **Ausrichten mit Laser**

An einer Riemenscheibe wird der Laser und an der gegenüberliegenden Scheibe werden zwei Zielmarken mit Haftmagneten befestigt (Abb. 3). Die Richtung der Laserlinien auf den Zielmarken zeigt den Ausrichtzustand an. Die Riemenscheiben sind genau ausgerichtet, wenn die Laserlinien auf beiden Zielmarken mittig auftreffen. Um alle horizontalen und vertikalen Abweichungen festzustellen, sind die Zielmarken einmal hintereinander und einmal übereinander anzuordnen (Abb. 4).

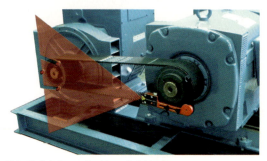

Abb. 3: Anbringen der Messeinrichtung

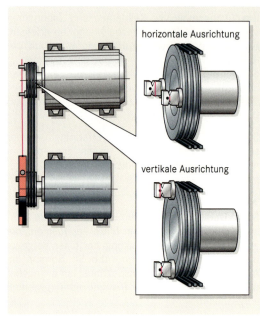

Abb. 4: Messvorgang

Lasermessgeräte können zum Ausrichten von Riemenscheiben und Kettenrädern verwendet werden.

Zustand der Abdeckung kontrollieren

Es ist zu kontrollieren, ob die Abdeckung vollständig, fest montiert und in einem einwandfreien Zustand ist.

Riemengetriebe / belt transmissions

Instandsetzung

Riemengetriebe müssen instand gesetzt werden, wenn bei der Inspektion Abweichungen festgestellt wurden. Zeigen die Keil- oder Zahnriemen starke Abnutzungserscheinungen, sind auch die Ursachen zu ermitteln und zu beseitigen (Tab. 1).

Tab. 1: Instandsetzungsmaßnahmen an Keilriemengetrieben

Abnutzungserscheinung	Ursachen	Maßnahmen
Keilriemen gerissen	- grober Schmutz in den Keilriemenscheiben - zu große Keilriemenvorspannung	- Keilriemen ersetzen - Fremdmaterial im Getriebe entfernen - Keilriemenvorspannung prüfen
Keilriemenboden gebrochen	- Keilriemen hat Schlupf und wird zu warm, wodurch der Unterbau hart wird - Lauftemperatur zu hoch - abnormale starke Vibrationen	- Keilriemen ersetzen - Vorspannung einstellen - Antrieb belüften - Rundlauf der Keilriemenscheiben kontrollieren
starker Flankenverschleiß an den Keilriemenseiten	- nicht fluchtende Keilriemenscheiben - ständiger Schlupf	- Keilriemenscheiben ausrichten - Keilriemen nachspannen
Ummantelung des Keilriemens löst sich und Flanken werden weich und klebrig, Keilriemen aufgequollen	- Öl oder Fett am Keilriemen oder in den Rillen der Keilriemenscheiben	- Keilriemen auswechseln - Verschmutzung beseitigen - Abdeckung ändern

Zusammenfassung

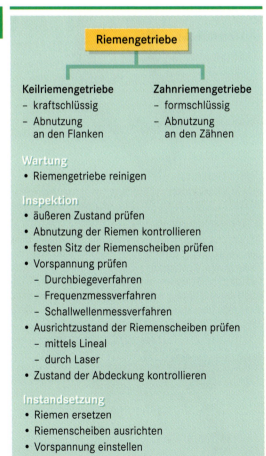

Riemengetriebe

Keilriemengetriebe
- kraftschlüssig
- Abnutzung an den Flanken

Zahnriemengetriebe
- formschlüssig
- Abnutzung an den Zähnen

Wartung
- Riemengetriebe reinigen

Inspektion
- äußeren Zustand prüfen
- Abnutzung der Riemen kontrollieren
- festen Sitz der Riemenscheiben prüfen
- Vorspannung prüfen
  - Durchbiegeverfahren
  - Frequenzmessverfahren
  - Schallwellenmessverfahren
- Ausrichtzustand der Riemenscheiben prüfen
  - mittels Lineal
  - durch Laser
- Zustand der Abdeckung kontrollieren

Instandsetzung
- Riemen ersetzen
- Riemenscheiben ausrichten
- Vorspannung einstellen

Aufgaben

1. Beschreiben Sie jeweils die Folgen einer fehlerhaften Vorspannung bei Keilriemengetrieben und bei Zahnriemengetrieben.

2. Bei einem Keilriemengetriebe steht im Inspektionsplan folgende Angabe:

Prüfkraft F_e = 80 N; Eindrücktiefe t_e = 12 mm

Beschreiben Sie, wie Sie die Vorspannung des Keilriemens überprüfen.

3. Bei einem Zahnriemengetriebe steht im Inspektionsplan folgende Angabe:

Sollfrequenz f = 111 Hz

Beschreiben Sie, wie Sie die Vorspannung für das Zahnriemengetriebe überprüfen.

4. Beim Überprüfen der Keilriemenscheiben erzeugt der Laser auf den Zielmarken folgende Anzeige:

a) Welcher Ausrichtfehler liegt vor?

b) Welche Korrekturen müssen am Riemengetriebe vorgenommen werden?

5. Ein Keilriemen zeigt übermäßigen Verschleiß an den Flanken. Geben Sie mögliche Ursachen dafür an.

3.3 Kettengetriebe

Aufbau/Funktion

Kettengetriebe übertragen die Antriebskräfte formschlüssig. Die Zähne der Kettenräder greifen in die Glieder der Kette ein. Gleichzeitig wird die Kette durch die Zähne der Kettenräder seitlich geführt.

Kettengetriebe dienen zum schlupffreien Übertragen von Kräften bei größeren Achsabständen sowie zum Fördern und Transportieren von Teilen. Entsprechend der unterschiedlichen Aufgaben werden Ketten verschiedener Bauarten und Ausführungen verwendet. Für Antriebsketten werden meist Rollenketten eingesetzt (Abb. 1).

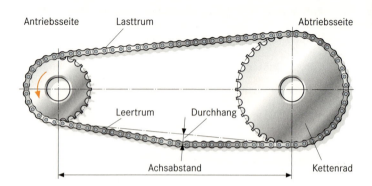

Abb. 3: Kettengetriebe

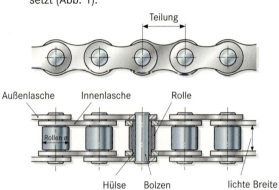

Abb. 1: Aufbau einer Rollenkette

Bei Kettengetrieben wird keine Vorspannung aufgebracht. Daher hat der Leertrum stets etwas Durchhang (Abb. 3). Bei neuen Ketten sollte der Durchhang nicht mehr als 1% des Achsabstandes betragen. Größerer Durchhang kann zu Schwingungen der Kette führen.

Durch Abnutzung der Hülsen und Bolzen in den Kettengelenken nehmen die Kettenlänge und die wirksame Teilung zu (Abb. 2).

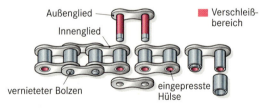

Abb. 2: Verschleiß an Gliedern einer Rollenkette

1. Kettenlängung

Um die Kettenlängung auszugleichen, sollte ein Kettenrad des Getriebes verstellbar sein oder Kettenspannelemente wie Spannrad und Spannschiene im Leertrum eingebaut werden (Abb. 4). Das Schwingen von Ketten kann auch durch Führungsschienen verhindert werden.

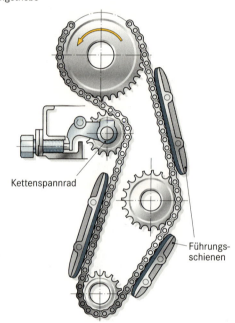

Abb. 4: Kettengetriebe mit Spannrad und Führungsschienen

2. Wirksame Kettenteilung

Abnutzung in den Kettengelenken führt dazu, dass die wirksame Kettenteilung nicht mehr mit der Teilung des Kettenrades übereinstimmt. Die Kette wandert nach außen und wird vom Kettenrad nur noch unvollständig erfasst (Abb. 5). Dadurch kann die Kette überspringen.

Abb. 5: Fehlerhafter Eingriff des Kettenrades

Kettengetriebe / chain transmission

Kettengetriebe müssen geschmiert werden, um eine vorzeitige Abnutzung der Kette zu verhindern. Die Art der Schmierung ist von der Kettengeschwindigkeit und der Kettenbelastung abhängig. Eingesetzt werden folgende Schmierungsarten:

- Handschmierung,
- Tropfschmierung,
- Tauchschmierung oder
- Umlaufschmierung.

Bei geringen Geschwindigkeiten ist eine Schmierung von Hand ausreichend (Abb. 6a). Der Schmierstoff wird mit der Ölkanne, einem Pinsel oder als Spray aufgetragen. Bei der Tropfschmierung tropft der Schmierstoff aus einem Behälter auf die Kette (Abb. 6b). Tauchschmierung und Umlaufschmierung erfordern ein geschlossenes Getriebegehäuse. Sie werden nur bei höheren Kettengeschwindigkeiten eingesetzt. Bei der Tauchschmierung taucht ein Kettenrad mit der Kette in ein Ölbad ein (Abb. 6c). Bei der Umlaufschmierung wird der Schmierstoff aus dem Getriebegehäuse gepumpt und auf die Kette geleitet (Abb. 6d). Die Reibungswärme wird durch das umgepumpte Öl gut abgeleitet.

Wartung Bei geschlossenen Kettengetrieben erstreckt sich die Wartung auf den regelmäßigen Wechsel des Schmierstoffes. Offene Kettengetriebe sind je nach Verschmutzungsgrad alle 3 bis 6 Monate zu reinigen und zu schmieren.

Kette reinigen

Stark verschmutzte Ketten, bei denen der Schmierstoff nicht mehr zwischen die Kettenglieder eindringen kann, müssen gereinigt werden. Grobe Verschmutzungen werden mit einer Bürste abgetragen. Verhärtete Schmierstoffschichten werden anschließend in einem Reinigungsbad aufgeweicht und entfernt. Danach muss die Kette sorgfältig geschmiert werden.

Kette schmieren

Beim Schmieren der Ketten von Hand ist darauf zu achten, dass der Schmierstoff an die Kettengelenke gelangt.

> ! Die Handschmierung mit einem Pinsel sollte wegen der erhöhten Unfallgefahr nicht bei laufendem Kettengetriebe durchgeführt werden.

Das Schmieren mit Ölkanne oder Spray kann auch bei laufender Anlage erfolgen. Ist am Kettengetriebe eine Spann- oder Führungsschiene vorhanden, sollte auch deren Lauffläche für die Kette geschmiert werden.

Bei einer Tropfschmiereinrichtung sind der Schmierstoffbehälter aufzufüllen und bei Bedarf die Tropföffnungen zu reinigen.

Bei der Tauch- oder Umlaufschmierung sind gegebenenfalls verbrauchter Schmierstoff aufzufüllen sowie der Schmierstoff nach festgelegten Zeitintervallen auszuwechseln.

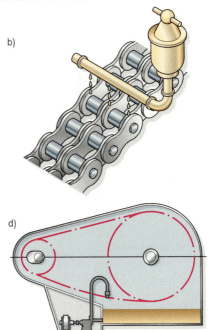
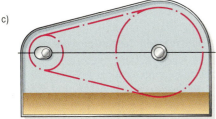

Abb. 6: Arten der Kettenschmierung

Inspektion

Äußeren Zustand prüfen

- **Kettengetriebe**

Der äußere Zustand sollte bei laufendem und stillstehendem Kettengetriebe kontrolliert werden. Bei laufendem Getriebe können außergewöhnliche Laufgeräusche festgestellt werden, die durch Scheuern oder Schlagen der Kette an der Abdeckung oder durch Knarrgeräusche in trockenlaufenden Kettengelenken entstehen. Außerdem lassen sich so außergewöhnliche Kettenschwingungen ermitteln.

- **Kettenräder und Kette**

Bei stillstehendem Getriebe ist der Zustand der Kettenräder und der Kette zu überprüfen. Die Zähne der Kettenräder dürfen keine deutlichen Abnutzungserscheinungen durch die Kettenlaschen aufweisen. Die Kette muss frei von Rost sein. Sie darf keine steifen Gelenke, verdrehte, lose oder gebrochene Bolzen und Laschen haben. Je nach Zustand der Kettenräder und der Kette sind entsprechende Instandsetzungsmaßnahmen einzuleiten (Tab. 1).

- **Kettenspannelemente**

Sind Spannelemente vorhanden, ist zu prüfen, ob sie die Kette auch wirksam spannen. Die Spannkraft der Kettenräder muss so groß sein, dass der empfohlene Durchhang der Kette auch erreicht wird. Es sollten mindestens drei Zähne des Spannrades im Eingriff sein. Bei Spann- und Führungsschienen ist auch der Verschleiß der Gleitflächen zu kontrollieren. Weisen sie deutliche Abnutzungserscheinungen auf, müssen sie ausgetauscht werden.

Kettenschmierung prüfen

Eine Kette ist richtig geschmiert, wenn an ihr kein Schmutz haftet und wenn bei Berührung der Kette mit dem Finger dieser leicht mit Öl benetzt wird. Bei einer von Hand oder durch Tropfschmierung geschmierten Ketten darf kein Schmierstoff abtropfen.

Bei der Tropfschmierung, Tauchschmierung und Umlaufschmierung ist der Schmierstoffvorrat zu kontrollieren. Dazu befinden sich an den Behältern und Getriebegehäusen entsprechende Markierungen oder Schaugläser.

Kettendurchhang messen

Der Kettendurchhang sollte bei einer gebrauchten Kette nicht mehr als 2 % des Achsabstandes betragen. Gemessen wird der Durchhang zwischen der Kette und der gedachten Tangente der beiden Kettenräder (Abb. 1).

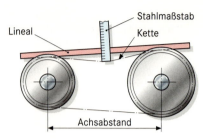

Abb. 1: Kettendurchhang messen

Die Messung ist einfacher durchzuführen, wenn der Durchhang im oberen Trum vorhanden ist. Um dies zu erreichen, ist ein Kettenrad so zu drehen, dass die Kette im unteren Trum gespannt ist.

Kettenlängung ermitteln

Das Messen der Kettenlänge muss im gespannten Zugtrum erfolgen. Dabei wird über eine möglichst große Anzahl von Kettengliedern (z.B. zehn Glieder) die Teilung gemessen (Abb. 2). Der gemessene Wert ist mit der Teilung einer neuen Kette zu vergleichen.

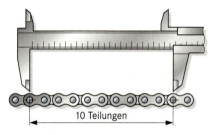

Abb. 2: Kettenteilung messen

Die Teilung einer neuen Kette kann aus der Normbezeichnung ermittelt werden:

Rollenkette DIN 8187 – 08B – 1 x 80 E

Kettennummer ─────────────┘   │   │ │
Anzahl der Glieder ───────────────────┘   │ │
Art des Verbindungsgliedes ───────────────────┘

Die beiden ersten Ziffern der Kettenummer (z. B. 08) geben im Allgemeinen die Kettenteilung in 1/16 inch an (1 inch = 25,4 mm). Eine Kette ist zu ersetzen, wenn sie sich um mehr als 3 % gelängt hat.

Ausrichtzustand der Kettenräder prüfen

Die zu einem Kettengetriebe gehörenden Kettenräder müssen miteinander fluchten. Sie dürfen keinen seitlichen Versatz haben und die Kettenradwellen müssen parallel zueinander sein. Das Überprüfen des seitlichen Versatzes und der Parallelität der Wellen erfolgt wie bei Riemengetrieben (siehe S. 34).

Kettengetriebe / chain transmission

Instandsetzung

Kettengetriebe müssen instand gesetzt werden, wenn bei der Inspektion Abweichungen festgestellt wurden. Zeigen Ketten starke Abnutzungserscheinungen, sind auch die Ursachen zu ermitteln und zu beseitigen (Tab. 1).

Tab. 1: Instandsetzungmaßnahmen an Kettengetrieben

Abnutzungserscheinung	Ursachen	Maßnahmen
Oberflächenrost an den Laschen oder Rost in den Gelenken	– zu dickflüssiger Schmierstoff – keine oder ungenügende Schmierung der Gelenkstellen	– Kette reinigen und geeigneten Schmierstoff verwenden – Kette reinigen und fachgerechte Schmierung sicherstellen
steife Gelenke	– Kaltverschweißung der Gelenke oder Korrosion in den Gelenken aufgrund mangelhafter Schmierung	– Kette ersetzen
verdrehte Kettenbolzen	– Blockierung der Kettengelenke aufgrund unzureichender Schmierung	– Kette ersetzen und ausreichende Schmierung sicherstellen
gebrochene Laschen	– Bruch durch Überlastung – äußerer Einfluss durch Fremdkörper	– Antrieb neu berechnen lassen, gegebenenfalls Mehrfachkette verwenden – beschädigte Kettenglieder austauschen – Abdeckung des Kettengetriebes verbessern

Zusammenfassung

Kettengetriebe

formschlüssig
Abnutzung an Hülsen und Bolzen in den Kettengelenken

Schmierung senkt den Verschleiß

Wartung
- Kette reinigen
- Kette schmieren

Inspektion
- äußeren Zustand des Kettengetriebes prüfen
- Kettenschmierung prüfen
- Kettendurchhang messen
- Kettenlängung ermitteln
- Ausrichtzustand der Kettenräder prüfen

Instandsetzung
- Kettenspannelemente nachstellen
- Kettenräder ausrichten
- beschädigte Kettenglieder auswechseln
- abgenutzte Kette ersetzen

Aufgaben

1. Beschreiben Sie die Auswirkungen der Kettenabnutzung bei einer Rollenkette.

2. Bei der Inspektion eines Kettengetriebes mit einem Achsabstand von 650 mm wird ein Durchhang von 15 mm festgestellt.
a) Ist der Kettendurchhang noch zulässig?
b) Nennen Sie Maßnahmen zur Instandsetzung.

3. Beschreiben Sie, wie der Durchhang einer Kette gemessen wird.

4. Ermitteln Sie die Teilung folgender Kette:
Rollenkette DIN 8187 – 12 B – 2 x 72 E

5. Bei der Inspektion einer Kette wurde für 10 Teilungen das Maß 132 mm gemessen. In das Getriebe ist folgende Kette eingebaut:
Rollenkette DIN 8187 – 08 B – 1 x 60 E
Kann die Kette weiterverwendet werden?

6. Weshalb sind Ketten zu ersetzen, wenn sie sich um mehr als 3 % gelängt haben?

7. Bei einer Rollenkette sind die Kettenbolzen verdreht.
a) Nennen Sie mögliche Ursachen.
b) Geben Sie Maßnahmen zur Instandsetzung an.

3.4 Zahnradgetriebe

Aufbau/Funktion

In der Bearbeitungsstation sind unterschiedliche Zahnradgetriebe eingebaut.

Im Maschinenkörper der Fräsmaschine befinden sich Stirnradgetriebe und Kegelradgetriebe zum Übertragen der Antriebsenergie (Abb. 1). Sie sind in den Maschinenkörper integriert und haben kein besonderes Getriebegehäuse. Man bezeichnet sie daher auch als *integrierte Getriebe*.

Beim Transportband wird die Antriebsenergie vom Elektromotor über ein Schneckengetriebe auf das Band übertragen (Abb. 2). Das Schneckengetriebe hat ein eigenes Getriebegehäuse. Man bezeichnet solche Getriebe auch als *eigenständige Getriebe*.

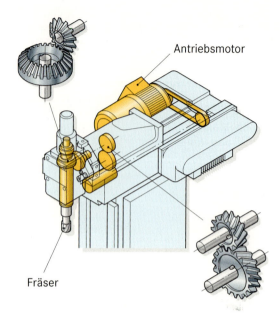

Abb. 1: Im Fräsmaschinenkörper integrierte Zahnradgetriebe

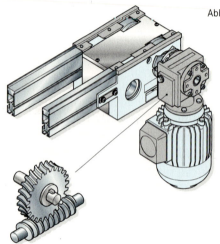

Abb. 2: Eigenständiges Schneckengetriebe

Zahnradgetriebe bestehen aus typischen Maschinenteilen (Abb. 3):

- *Zahnräder* übersetzen die Drehmomente,
- *Wellen* leiten die Drehmomente weiter,
- *Passfedern* verbinden die Zahnradnaben mit den Wellen,
- *Sicherungsringe* verhindern das axiale Verschieben der Zahnräder auf den Wellen,
- *Wälzlager* führen und stützen die Wellen,
- *Radialwellendichtringe* verhindern das Eindringen von Schmutz und den Austritt von Schmierstoff.

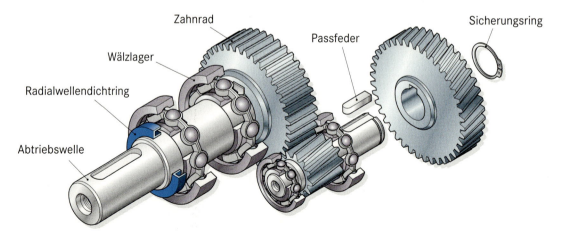

Abb. 3: Aufbau von Zahnradgetrieben

Zahnradgetriebe / gear drive

Die Zähne der Zahnräder greifen ineinander und wälzen aufeinander ab. Durch das Abwälzen verschleißen die Flanken der Zähne. Um den Verschleiß gering zu halten, werden Zahnradgetriebe geschmiert. Neben der Verschleißminderung dient die Schmierung auch zur Geräuschminderung sowie zur Kühlung der Zahnräder und der Lager. Im Dauerbetrieb sollen Betriebstemperaturen von 60°C – 80°C nicht überschritten werden.

Die Wahl der Schmierung richtet sich nach der Bauart des Getriebes und der Umfangsgeschwindigkeit der Zahnräder.

Eigenständige Getriebe mit geringer Umfangsgeschwindigkeit haben meist eine *Tauchschmierung*. Ein Zahnrad taucht in das Schmieröl ein und erzeugt so einen Sprühnebel, der die anderen Zahnräder und häufig auch die Lager schmiert (Abb. 4). Bei zu geringem Eintauchen des Zahnrades werden die Zahnräder und Wälzlager nicht ausreichend geschmiert. Bei zu tiefem Eintauchen schäumt das Öl auf, was ebenfalls zu mangelhafter Schmierung führen kann. Außerdem entstehen Energieverluste, die zur Erwärmung des Getriebes führen.

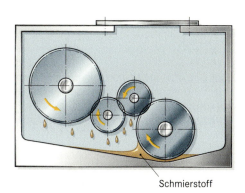

Abb. 4: Tauchschmierung eines Zahnradgetriebes

Integrierte Getriebe und eigenständige Getriebe mit hoher Umfangsgeschwindigkeit haben meist eine *Ölumlaufschmierung* (siehe S. 50).

Wartung Die Wartung umfasst den regelmäßigen Wechsel des Schmieröls. Eigenständige Getriebe sind darüber hinaus abhängig vom Verschmutzungsgrad zu reinigen.

Getriebegehäuse reinigen
Getriebegehäuse, die mit einer Staub- oder Schmutzschicht bedeckt sind, müssen gereinigt werden. Staub und Schmutz verhindern die Wärmeabgabe an die Umgebungsluft. Das Getriebe wird nicht mehr ausreichend gekühlt.

Die Entlüftungsschraube sollte je nach Betriebszeit alle 3 bis 6 Monate gesäubert werden. Hierzu wird die Schraube herausgeschraubt und ausgewaschen.

Schmierstoff wechseln
Der Wechsel des Schmieröles sollte bei warmen Getrieben kurz nach dem Außerbetriebsetzen erfolgen. Das noch warme Öl ist dünnflüssiger und fließt gut ab. Außerdem haben sich vorhandene Verunreinigungen noch nicht abgesetzt und fließen so mit ab. Beim Ölwechsel sind die Getriebe mit der vorher verwendeten Ölsorte zu füllen. Menge und Art des verwendeten Schmieröles können dem Wartungsplan oder dem Leistungsschild entnommen werden (Abb. 5).

FLENDER HIMMEL	Baujahr:	1996	
	Typ:	I11SI1	302 kg
T_2:	550 Nm		
i:	10 : 1	n_2	350 1/min
Öl:	CLP 320		22 l

Abb. 5: Leistungsschild eines Zahnradgetriebes

Der Schmierstoffwechsel umfasst folgende Schritte:

1. Abschalten des Antriebsmotors. Antrieb gegen unbeabsichtigtes Wiedereinschalten sichern und Hinweisschild anbringen.

2. Unter die Ölablassschraube ein ausreichend großes Auffanggefäß stellen.

3. An der Oberseite des Getriebegehäuses die Entlüftungsschraube, den Wartungsdeckel u.ä. entfernen.

4. Ölablassschraube herausschrauben und das Öl vollständig ablassen.

5. Wenn notwendig Getriebegehäuse durch Ölspülung von Ölschlamm, Abrieb und alten Ölresten reinigen. Erst wenn alle Rückstände entfernt sind, darf das frische Öl eingefüllt werden.

6. Ölablassschraube einschrauben. Dabei Zustand des Dichtringes kontrollieren und falls notwendig neuen Dichtring einsetzen.

7. Getriebe unter Verwendung eines Einfüllfilters mit frischem Öl auffüllen. Mengenangaben auf dem Leistungsschild oder im Wartungsplan sind Anhaltswerte. Maßgebend ist der tatsächliche Schmierstoffstand.

8. Ölstand kontrollieren. Zwischen dem Einfüllen und der Kontrolle ist eine ausreichende Zeitspanne vorzusehen. Das Schmieröl muss sich erst am Gehäuseboden sammeln, damit der Schmierstoffstand erkennbar ist.

9. Wartungsdeckel bzw. Entlüftungsschraube schließen. Dabei sind die Dichtfläche und die Dichtung zu kontrollieren und gegebenenfalls auszutauschen.

! Arbeitssicherheit/Umweltschutzbestimmungen

- Ölbindemittel bereitstellen, um das Öl sofort aufzunehmen, das beim Ablassen und Auffüllen auf den Boden tropft.
- Schutzhandschuhe tragen. Durch das austretende warme Öl besteht Gefahr von Verbrühungen.
- Verbrauchte Schmieröle, ölgetränkte Putzlappen und eingesetzte Ölbindemittel sind umweltgerecht und vorschriftsmäßig zu entsorgen.

Inspektion Bei der Inspektion wird der äußere und auch der innere Zustand eines Getriebe begutachtet. Je nach Bedeutung und Größe der Getriebe werden subjektive Verfahren oder objektive Messverfahren angewendet. Subjektive Verfahren, z. B. Erfühlen der Temperatur von Hand, liefern keine vergleichbaren Daten. Außerdem setzt deren Beurteilung viel Erfahrung voraus.

Der Zustand der Lager und Zahnräder wird meist indirekt ermittelt, um eine zeitraubende Demontage des Getriebes zu vermeiden.

Schmierstoffstand kontrollieren

Der Schmierölstand sollte täglich vor Arbeitsbeginn bei stillstehendem Getriebe kontrolliert werden. Der Stand kann an einem Schauglas oder einem Messstab am Getriebegehäuse abgelesen werden (Abb. 1). Starker Schmierölverlust deutet auf eine Leckage hin. Leckagen sollten sofort beseitigt werden.

Abb. 1: Schauglas zur Ölstandskontrolle

Betriebstemperatur prüfen

Die Schmierstofftemperatur sollte täglich während des laufenden Betriebes kontrolliert werden, wenn das Öl seine Betriebstemperatur erreicht hat. Größere Getriebe haben dazu häufig ein Getriebethermometer. Ist kein Thermometer eingebaut, reicht es aus, die Betriebstemperatur mit der Hand zu kontrollieren.

Lagertemperaturen können außerdem mit einem Thermometer gemessen werden. Die Messstelle muss sich möglichst in unmittelbarer Nähe des zu kontrollierenden Lagers befinden (Abb. 2).

Abb. 2: Messen der Lagertemperatur

Erhöhte Betriebs- und Lagertemperatur weisen auf Schmierstoffmangel, überaltertes oder verschmutztes Öl oder auf erhöhte Reibung zwischen den Zahnrädern bzw. in den Lagern aufgrund mechanischer Schädigungen hin.

Schmierstoffbedingte Schäden können sehr zuverlässig durch die Temperaturmessung erkannt werden.

- Schmierstoffmangel zeigt sich dabei durch einen stetigen Temperaturanstieg.
- Überalterter oder verschmutzter Schmierstoff ergibt einen schwankenden Temperaturverlauf mit ansteigenden Werten.

Mechanische Schädigungen an Zahnrädern und Lagern führen allerdings erst dann zu Temperaturerhöhungen, wenn die Bauteile bereits stark beschädigt sind. Für eine zuverlässige Früherkennung von kleinen Anfangsschäden an Zahnrädern und Wälzlagern ist die Temperaturüberwachung wenig geeignet. Allerdings ist es möglich, Folgeschäden an anderen Bauteilen zu verhindern.

Dichtheit kontrollieren

Durch eine Sichtkontrolle werden alle Dichtstellen eines Getriebes überprüft (Abb. 3). Es darf kein Schmierstoff austreten.

Zahnradgetriebe / gear drive

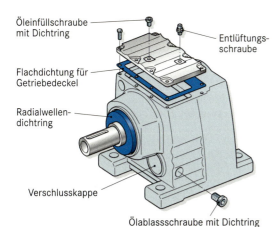

Abb. 3: Dichtstellen an einem Getriebegehäuse

- Öleinfüllschraube mit Dichtring
- Flachdichtung für Getriebedeckel
- Radialwellendichtring
- Verschlusskappe
- Entlüftungsschraube
- Ölablassschraube mit Dichtring

Getriebegeräusche feststellen

Die bewegten Teile eines Getriebes erzeugen spezifische Schwingungen, die als Geräusche und Vibrationen wahrgenommen werden. Abweichungen deuten auf einen veränderten Getriebezustand hin. Ursache dafür können defekte Lager, beschädigte Zahnflanken, ungenügende oder falsche Schmierung sowie ausgeschlagene Passfederverbindungen sein.

Zur besseren Wahrnehmung von Laufgeräuschen werden Stethoskope verwendet. Sie verstärken die Laufgeräusche, die von innen auf das Getriebegehäuse übertragen werden (Abb. 4). Neben einfachen Stethoskopen werden auch elektronische Stethoskope mit einstellbarer Lautstärke eingesetzt.

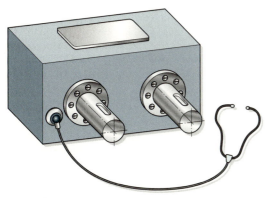

Abb. 4: Überprüfen von Laufgeräuschen mit einem Stethoskop

Da es keine allgemeingültigen Anhaltswerte für die Lautstärke, Tonhöhe und Art der Laufgeräusche eines Getriebes gibt, setzt deren Interpretation viel Erfahrung voraus.

Getriebeschwingungen messen

Mit Schwingungsmessgeräten werden die auftretenden Vibrationen eines Getriebes gemessen (Abb. 5). Die ermittelten Werte von Schwingfrequenz und Schwingungsamplitude lassen sich speichern, zur weiteren Analyse auf einen Rechner übertragen, mit einer entsprechenden Software auswerten und grafisch darstellen. Durch den Vergleich mit vorausgegangenen Messungen können Veränderungen festgestellt und deren Verlauf überwacht werden.

Abb. 5: Einsatz eines Schwingungsmessgerätes

Vor dem Einsatz des Gerätes müssen geeignete Messpunkte an der Gehäuseoberfläche festgelegt werden. Geeignete Messpunkte sind starre Bauteile wie Lager- und Getriebegehäuse. Maschinenschwingungen sollten möglichst nah an ihrer Quelle erfasst werden, um Verfälschungen der Messsignale gering zu halten. Insbesondere bei der Wälzlagerüberwachung ist der Abstand zum Lager so klein wie möglich zu wählen. An den Lagerstellen sind die Messwerte in horizontaler, vertikaler und axialer Richtung aufzunehmen (Abb. 6).

Abb. 6: Messpunkte zur Wälzlagerüberwachung

Der Schwingungsaufnehmer wird mit einem Haftmagneten an das Gehäuse angekoppelt. Die Koppelstelle sollte eben sein und mindestens dem Durchmesser des Aufnehmers entsprechen. Dazu kann ein Stahl-Messplättchen auf den Messpunkt geklebt oder geschweißt werden.

Entsprechend der Ursachen ergeben sich zwei unterschiedliche Schwingungsarten:

1. Erregerfrequenz

Zahneingriff und Unwuchten rotierender Getriebeteile führen zum Schwingen des ganzen Getriebes mit der Erregerfrequenz. Starke Schwingungen belasten das Getriebe unzulässig und führen zu Schäden am Getriebe. Die **ISO 10816** liefert Empfehlungen für zulässige Schwingstärkewerte bei unterschiedlichen Maschinenklassen. Werden diese überschritten, muss das Getriebe instand gesetzt werden.

2. Stoßimpuls

Begrenzte Schäden an den Laufringen und Wälzkörpern eines Wälzlagers oder an den Zähnen eines Zahnrades erzeugen kurze Stoßimpulse. Die Stoßimpulsfolgen versetzen das Getriebe in Eigenschwingungen. Sie sind an der Getriebeoberfläche messbar. Durch Analyse der gemessenen Schwingungen können die Stoßanregungen festgestellt und die Schäden ermittelt werden.

Die Analyse und Auswertung der Messwerte sollte von besonders geschultem Fachpersonal durchgeführt werden.

Zahnräderzustand prüfen

Die Sichtkontrolle der Zahnflanken auf Abnutzungserscheinungen erfolgt am zusammengebauten, stillstehenden Getriebe. Abnutzungserscheinungen können Risse, Riefen oder Grübchen sein.

Sind Zahnräder nicht direkt einsehbar, können Endoskope eingesetzt werden. Durch das Endoskop wird Licht in das Getriebe eingebracht sowie das Bild übertragen. Man unterscheidet starre und flexible Endoskope. Bei starren Endoskopen werden die Lichtstrahlen über ein Linsensystem weitergeleitet. Flexible Endoskope arbeiten mit Glasfaserbündeln. Videoendoskope digitalisieren das Bild im Endoskopkopf und übertragen es elektrisch. Die digitalen Bilder lassen sich auf einem Rechner darstellen und abspeichern. Der Schädigungszustand der Zahnflanken kann so dokumentiert werden. Der Umgang mit dem Endoskop erfordert Übung. Es ist schwierig, mit dem Endoskopkopf die zu untersuchende Stelle zu finden und an dieser hinreichend lange ruhig zu verharren.

Der Zahnflankenzustand lässt sich auch durch Klebstreifenabzüge und Kunststoffabdrücke feststellen.

Instandsetzung

Aus der Art der vorliegenden Störung lassen sich mögliche Ursachen und die zu ergreifenden Maßnahmen bestimmen (Tab. 1).

Eigenständige Zahnradgetriebe werden meist in der Anlage ausgetauscht und anschließend in der Instandhaltungswerkstatt instand gesetzt.

Tab. 1: Instandsetzungsmaßnahmen an Stirnradgetrieben

Störung	Ursachen	Maßnahmen
ungewöhnliche, gleichmäßige Getriebegeräusche		Lager überprüfen und gegebenenfalls austauschen
• abrollende/mahlende Geräusche	Lagerschaden	
• klopfende Geräusche	Verzahnungsschaden	Verzahnung kontrollieren und beschädigte Zahnräder austauschen
ungewöhnliche, ungleichmäßige Getriebegeräusche	Fremdkörper im Schmieröl	Antrieb stillsetzen, Schmieröl überprüfen
Getriebe ist von außen verölt	ungenügende Abdichtung des Getriebedeckels bzw. der Ölablassschraube	Schrauben an Dichtstellen festdrehen, falls notwendig Dichtungen auswechseln
	Wellendichtring defekt	Wellendichtring auswechseln
erhöhte Betriebstemperatur	zu niedriger oder zu hoher Schmierölstand	Ölstand kontrollieren und korrigieren
	überaltertes oder stark verschmutztes Schmieröl	Öl wechseln
erhöhte Temperatur an den Lagerstellen	zu niedriger Schmierölstand	Ölstand kontrollieren und korrigieren
	Lager defekt	Lager kontrollieren und gegebenenfalls auswechseln

Zusammenfassung / summary

Aufgaben

1. Wodurch unterscheiden sich integrierte von eigenständigen Getrieben?

2. Beschreiben Sie die Funktionsweise einer Tauchschmierung bei einem Zahnradgetriebe.

3. Beschreiben Sie die Folgen eines
a) zu niedrigen Schmierölstandes,
b) zu hohen Schmierölstandes im Getriebe mit Tauchschmierung.

4. Welche Aufgaben übernimmt das Schmieröl in einem Zahnradgetriebe?

5. Weshalb sollte der Schmierölwechsel bei einem noch warmen Zahnradgetriebe erfolgen?

6. Weshalb erhalten größere eigenständige Getriebe eine Entlüftungsschraube?

7. Wozu wird die Schwingungsmessung an Getrieben eingesetzt?

8. Ein Zahnradgetriebe wird inspiziert.
a) Welche subjektiven Inspektionsmaßnahmen können eingesetzt werden, um den Zustand des Getriebes zu erfassen?
b) Beschreiben Sie Vor- und Nachteile dieser Maßnahmen.

9. Bei der Inspektion eines Zahnradgetriebes wird eine erhöhte Betriebstemperatur am Getriebethermometer abgelesen.
a) Nennen Sie mögliche Ursachen für den Temperaturanstieg.
b) Mit welchen Maßnahmen lässt sich die tatsächlich vorliegende Ursache ermitteln?

10. Auf welche Weise lässt sich der Flankenzustand von Zahnrädern ermitteln und dokumentieren?

3.5 Kupplungen

Aufbau/Funktion

Kupplungen verbinden zwei Wellen miteinander. Sie übertragen dabei Drehbewegungen und Drehmomente.

Kupplungen bestehen im Wesentlichen aus zwei Kupplungshälften. Eine Kupplungshälfte befindet sich am Wellende des Antriebs, die andere an der angetriebenen Welle. Die Wellen müssen miteinander fluchten und dürfen keine oder nur geringe Abweichungen zueinander aufweisen.

Die Kupplungshälften können auf unterschiedliche Weise miteinander verbunden sein und so verschiedene technische Anforderungen erfüllen.

Bei *starren Kupplungen* werden die Kupplungshälften durch Schrauben fest aneinandergepresst (Abb. 1). Das Drehmoment wird durch Reibung übertragen. Da die Wellen starr miteinander verbunden sind, müssen sie genau miteinander fluchten.

Bei *elastischen Kupplungen* sind die Kupplungshälften durch elastische Zwischenglieder miteinander verbunden (Abb. 2). Als Zwischenglieder werden Stahlfedern, Gummi- oder Kunststoffelemente verwendet. Die Übertragung des Drehmomentes erfolgt durch Formschluss.

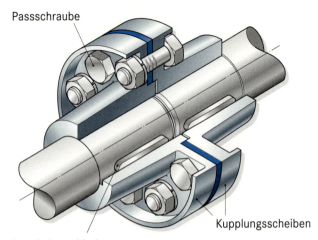

Abb. 1: Starre Kupplung mit Passfederverbindung

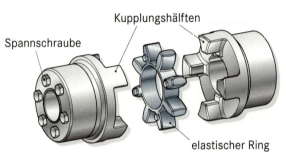

Abb. 2: Elastische Kupplung mit Spannverbindung

Die elastischen Zwischenglieder gleichen axialen, radialen und winkligen Versatz innerhalb bestimmter Toleranzen aus (Abb. 3). Außerdem dämpfen sie Drehmomentenstöße und Schwingungen. Dies führt allerdings zu erhöhter Abnutzung der elastischen Elemente.

Bei *schaltbaren Kupplungen* befinden sich zwischen den Kupplungshälften Reibbeläge (Abb. 4). Die Reibbeläge werden beim Schließen der Kupplung gegeneinander gepresst. Das Drehmoment wird durch Reibung übertragen. Bei Schaltvorgängen oder bei Überlastung reiben die Reibbeläge aneinander. Es entsteht Wärme und die Beläge nutzen sich ab. Das Schalten der Kupplungen kann mechanisch, pneumatisch, hydraulisch oder elektromagnetisch erfolgen.

Die Kupplungshälften werden meist durch Passfeder-, Spann- oder Schrumpfverbindungen an der Welle befestigt.

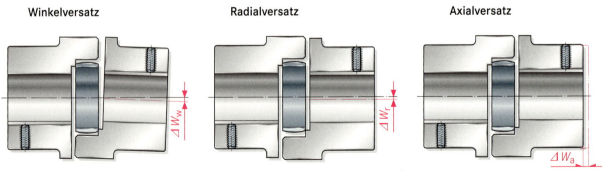

Abb. 3: Versatz an Kupplungen

Kupplungen / couplings

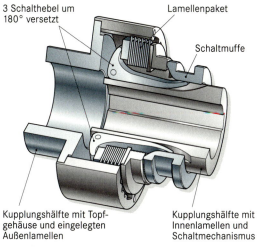

Abb. 4: Mechanische Lamellenkupplung

(Labels: 3 Schalthebel um 180° versetzt; Lamellenpaket; Schaltmuffe; Kupplungshälfte mit Topfgehäuse und eingelegten Außenlamellen; Kupplungshälfte mit Innenlamellen und Schaltmechanismus)

Wartung Kupplungen sind unter normalen Betriebsbedingungen weitgehend wartungsfrei.

Inspektion Die vielen Arten und Ausführungen von Kupplungen erfordern unterschiedliche Inspektionsmaßnahmen. Diese können den Bedienungsanleitungen der Hersteller entnommen werden.

Generell sollten bei Kupplungen folgende Überprüfungen vorgenommen werden.

Lauf der Kupplung überprüfen

Während des Betriebes ist auf

- veränderte Laufgeräusche und
- auftretende Vibrationen zu achten.

Werden Abweichungen festgestellt, sind der Antrieb abzuschalten und die Ursache zu ermitteln. Ursache für starke Laufgeräusche und Vibrationen können lose Schraubenverbindungen, Ausrichtfehler oder starker Verschleiß elastischer Zwischenglieder sein (vgl. Tab. 1, S. 49).

Zwischenglieder überprüfen

Bei *elastischen Kupplungen* sind besonders die Zwischenglieder zu überprüfen. Zwischenglieder dürfen keine Haarrisse, abgelöste Vulkanisierung, sichtbare Verformung u. ä. aufweisen. Beschädigungen deuten auf Überlastung, unzulässigen Wellenversatz, vorzeitige Alterung durch aggressive Umgebungsbedingungen oder auch auf natürliche Alterung infolge langer Einsatzzeit hin. Die elastischen Elemente sind in solchen Fällen auszutauschen. Vorher sollte die Ursache für die Beschädigung behoben werden, sofern keine natürliche Alterung vorliegt.

Bei *schaltbaren Kupplungen* sollten die Reibbeläge regelmäßig kontrolliert werden. Die Reibbeläge haben einen bestimmten Abnutzungsvorrat. Ist dieser verbraucht, sind die Beläge zu erneuern. Entsprechende Angaben können den Herstellerunterlagen entnommen werden.

Schraubenanzugsmomente kontrollieren

Bei starren Kupplungen müssen die Drehmomente der Schrauben, mit denen die beiden Kupplungshälften verbunden sind, mit einem Drehmomentenschlüssel überprüft werden.

Festen Sitz der Kupplungshälften prüfen

Die Kupplungshälften müssen fest auf den Wellen sitzen. Sie dürfen sich nicht in radialer Richtung verdrehen oder in axialer Richtung verschieben lassen. Je nach vorliegender Welle-Nabe-Verbindung sind unterschiedliche Kontrollen notwendig. Bei Spannverbindungen ist das Anzugsmoment der Klemmschrauben zu überprüfen. Bei Passfederverbindungen ist zu kontrollieren, ob die Passfeder ausgeschlagen bzw. die Wellennut beschädigt ist oder der Gewindestift sich gelöst hat.

Ausrichtzustand kontrollieren

Vor dem Prüfen müssen die Schraubenverbindungen der beiden Kupplungshälften gelöst werden. Das Prüfen kann je nach erforderlicher Genauigkeit mit unterschiedlichen Methoden erfolgen:

- **Prüfen mit Haarlineal**
Werden nur geringe Anforderungen an den Ausrichtzustand gestellt, reicht das Überprüfen mit einem Haarlineal (Abb. 5). Dabei wird die Lage der Kupplungshälften zueinander in der vertikalen und horizontalen Ebene überprüft. Man erreicht eine Ausrichtgenauigkeit von 1/10 mm.

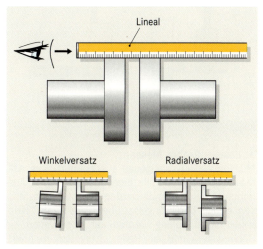

Abb. 5: Prüfen des Ausrichtzustandes mit Lineal

- **Prüfen mit Messuhr und Fühlerlehre**

Der Winkelversatz wird über den axialen Abstand der Kupplungsstirnflächen zueinander kontrolliert. Die Messung erfolgt in der horizontalen und vertikalen Ebene jeweils an zwei gegenüberliegenden Punkten (Abb. 1). Dies kann mit Fühlerlehren, Endmaßen oder Innenmessschrauben erfolgen.

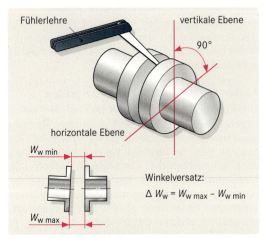

Abb. 1: Messen von Winkelversatz

Der Radialversatz wird mit Hilfe einer Messuhr bestimmt. Die Messuhr ist dazu fest auf einer Kupplungsnabe zu befestigen (Abb. 2). Durch gleichzeitiges Drehen der beiden Kupplungshälften um 360° ist die maximale Abweichung festzustellen. Dabei zeigt die Messuhr den doppelten Wert des radialen Versatzes an. Da die Messgenauigkeit einer Messuhr 1/100 mm beträgt, erreicht man eine zehn mal genauere Ausrichtung gegenüber dem Prüfen mit einem Haarlineal.

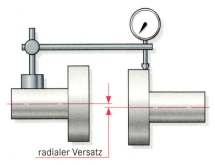

Abb. 2: Messen von Radialversatz

- **Laseroptisches Messen**

Müssen Wellen sehr genau ausgerichtet sein, sollten die Wellen mit Hilfe eines laseroptischen Ausrichtsystems überprüft werden (Abb. 3). Das Messen erfolgt berührungsfrei über Laserstrahl. Beidseitig der Kupplung werden auf den Wellen ein Gebersystem und ein Reflexionssystem montiert. Das Ausrichtsystem muss vor dem Messen so eingestellt werden, dass der Laserstrahl vom Reflektor wieder zurück zum Geber reflektiert wird. Zur Messung sind die Abstände der Motorbefestigungspunkte und von Geber und Reflektor in den Messcomputer einzugeben.

Das System wird in drei um 90° versetzte Positionen gedreht. Vorhandener Winkel- und Radialversatz werden gemessen. Die Messgenauigkeit beträgt 1/1000 mm. Das Display des Messsystems zeigt die erforderlichen Korrekturwerte direkt an. Zusätzlich können die Messwerte über einen Drucker zur Dokumentation ausgedruckt werden.

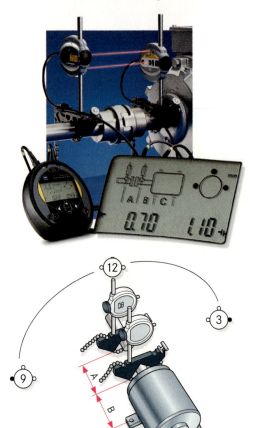

Abb. 3: Messen mit laseroptischem Ausrichtsystem

Um die Ausdehnung der Maschinenteile durch Erwärmung während des Betriebes zu berücksichtigen, kann es notwendig sein, den Ausrichtzustand bei betriebswarmen Maschinen zu ermitteln.

Instandsetzung

Wenn bei der Inspektion unzulässige Abweichungen festgestellt wurden, müssen die Kupplungen instand gesetzt werden. Bei auftretenden Störungen sind auch die Ursachen zu ermitteln und zu beseitigen (Tab. 1).

Kupplungen / couplings

Tab. 1: Instandsetzungsmaßnahmen an elastischen Kupplungen

Störung	Ursachen	Maßnahmen
Änderung der Laufgeräusche und/oder auftretende Vibrationen	Ausrichtfehler	Grund des Ausrichtfehlers beheben (z. B. lose Befestigungsschrauben, Wärmeausdehnung von Anlagenteilen) Ausrichtzustand prüfen und korrigieren
	starker Verschleiß oder Bruch der elastischen Zwischenglieder	beschädigte Kupplungsteile austauschen
	Schrauben zur axialen Nabensicherung lose	Schrauben zur Sicherung der Kupplungsnaben anziehen und gegen Selbstlockern sichern
vorzeitiger Verschleiß der elastischen Zwischenglieder	Ausrichtfehler	beschädigte Kupplungsteile austauschen Grund des Ausrichtfehlers beheben (z. B. lose Befestigungsschrauben, Wärmeausdehnung von Anlagenteilen) Ausrichtzustand prüfen und korrigieren
	Überlastung oder starke Schwingungen	Kupplung komplett wechseln Grund für Überlastung ermitteln
	Kontakt mit Ölen, aggressive Flüssigkeiten zu hohe Umgebungstemperatur	beschädigte Kupplungsteile austauschen Abdeckung verbessern, bessere Kühlung der Kupplung sicherstellen evtl. anderen Werkstoff für Zwischenglieder einsetzen

Zusammenfassung

Kupplungen

Funktion
- Verbinden von Wellen zum Übertragen von Drehmomenten
- Ausgleichen von Versatz oder Schwingungen
- Schalten nachgeordneter Anlagenteile

Wartung
Kupplungen sind wartungsfrei

Inspektion
- Lauf der Kupplung überprüfen
- Zwischenglieder prüfen
- Schraubenanzugsmomente kontrollieren
- festen Sitz der Kupplungshälften prüfen
- Ausrichtzustand kontrollieren

Instandsetzung
- Ausrichten der Kupplungshälften
- beschädigte Kupplungsteile austauschen
- Schrauben mit vorgeschriebenem Drehmoment anziehen, Schrauben sichern

Aufgaben

1. Die abgebildete elastische Kupplung soll inspiziert werden. Geben Sie die durchzuführenden Inspektionsmaßnahmen an.

2. An einer Kupplung werden starke Laufgeräusche wahrgenommen. Welche Inspektionen sind durchzuführen, um die Ursache dafür festzustellen?

3. Beschreiben Sie das Überprüfen des Ausrichtzustands einer Kupplung mit Messuhr und Fühlerlehre.

4. Warum müssen bei Scheibenkupplungen die Schraubenverbindungen gelöst werden, bevor der Ausrichtzustand überprüft wird?

3.6 Schmierung

Aufbau/ Funktion

Eine wichtige Voraussetzung für die Lebensdauer und Betriebssicherheit einer Maschine oder Anlage ist das fachgerechte Schmieren. Dadurch werden Führungen, Lager oder Getriebe vor Reibung und Verschleiß geschützt.

3.6.1 Schmieranleitung und Schmierverfahren

Um eine fachgerechte Schmierung an technischen Systemen zu gewährleisten, sind Schmierpläne zu verwenden (Abb. 3). Schmierpläne enthalten unterschiedliche Symbole, welche verschiedene Schmieranweisungen darstellen (Abb. 1). Aus dem Schmierplan ist die Schmiervorschrift für das technische System zu erkennen (Tab. 1).

Z. B. werden die verschiedenen Lager einer Werkzeugmaschine durch eine Zentralschmierung mit Schmierstoff versorgt (Abb. 2). Dies vereinfacht die Schmierung mehrerer Schmierpositionen und erlaubt die Kontrolle des Schmiermittels an einer zentralen Stelle. Das Öl wird durch eine Pumpe in einem Umlauf gefördert. Das abfließende Öl wird gefiltert, gekühlt und der Schmierstelle erneut zugeführt.

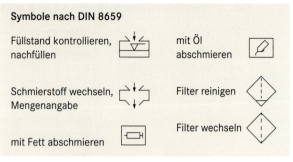

Abb. 1: Symbole im Schmierplan

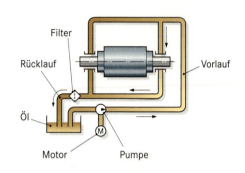

Abb. 2: Zentralschmierung

Tab. 1: Schmiervorschrift

Intervall in Betriebsstunden	Pos.	Eingriffstelle	Tätigkeit	Symbol
8 h	1	Kühlschmierstoffbehälter	Füllstand kontrollieren	
40 h	2	Zentralschmieraggregat	Ölstand kontrollieren	
200 h	1	Kühlschmierstoffbehälter	Entleeren, reinigen, neu füllen (ca. 240 l)	
	2	Zentralschmieraggregat	Ölstand kontrollieren, nachfüllen	
	3	Hydraulikaggregat	Ölstand kontrollieren	
	4	Spindelschlitten	Ölstand kontrollieren	
1000 h	2	Zentralschmieraggregat	Öl auffüllen	
	3	Hydraulikaggregat	Entleeren, reinigen, Öl neu auffüllen (ca. 2,7 l)	
	4	Getriebe	Öl auswechseln (ca. 8 l)	
	4	Spindelschlitten	Öl auswechseln (ca. 8 l)	
10 000 h	5	Fräskopf und horizontales Spindellager	Öl auswechseln (ca. 2,7 l)	

Schmierung / lubrication

a)
siehe Kapitel 2,
S. 20, Tab. 1

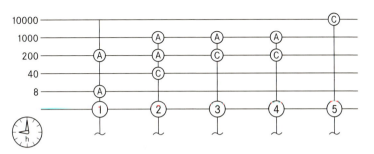

oder

b)

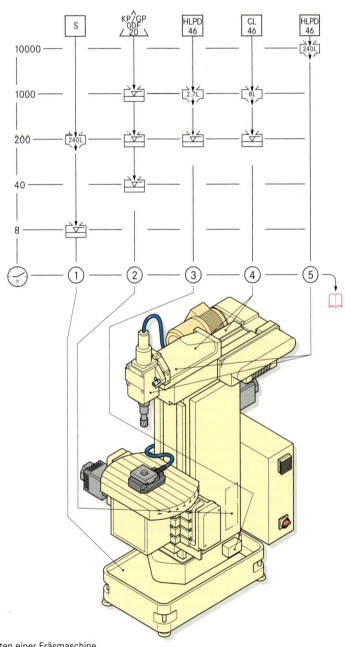

Abb. 3: Schmierplanvarianten einer Fräsmaschine

3.6.2 Schmierstoffe

Je nach Verwendungszweck werden unterschiedliche Arten von Schmierstoffen eingesetzt (Tab. 2). Dabei unterscheidet man:

- Schmieröle,
- Schmierfette,
- Festschmierstoffe.

Die Schmierstoffe müssen gleichmäßig an den zueinander gleitenden Flächen haften, um einen Schmierfilm zu bilden.

1. Schmieröle

Schmieröle sind *mineralische* oder *synthetische* Öle.

Sie werden bei hohen Geschwindigkeiten, hohen Betriebstemperaturen und großen oder niedrigen Drücken eingesetzt. Um die Eigenschaften von Ölen zu verbessern, werden Zusätze (Additive) verwendet. Nach **DIN 51 502** werden Schmieröle folgendermaßen gekennzeichnet (→):

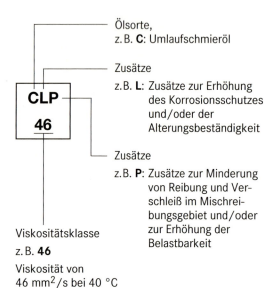

Viskositätsklasse
z. B. **46**

Viskosität von
46 mm^2/s bei 40 °C

Der Schmierfilm von Ölen wird insbesondere von der Viskosität beeinflusst. Öle mit einer geringen Viskosität sind dünnflüssig und durch eine niedrige Viskositätsklasse gekennzeichnet, z. B. Viskositätsklasse VG2. Öle mit einer hohen Viskosität sind zähflüssig und durch eine hohe Viskositätsklasse gekennzeichnet, z. B. Viskositätsklasse VG 680.

 Die Viskosität beschreibt die Zähigkeit eines Schmierstoffes.

An schnell laufenden Maschinen werden Schmierstoffe mit einer niedrigen Viskosität eingesetzt.

Für langsam laufende Maschinen mit einer hohen Belastung der Führungen und Lagerungen wird ein Schmieröl mit einer hohen Viskosität benötigt.

Die Viskosität eines Schmieröles ist von dessen Temperatur abhängig. Je geringer die Temperatur ist, umso zähflüssiger wird das Schmieröl. Deshalb müssen bei niedrigen Temperaturen Öle mit einer niedrigen Viskosität verwendet werden. Kann der Schmierstoff nicht mehr fließen, hat dieser seinen Stockpunkt erreicht.

 Der Stockpunkt eines Schmieröls ist die Temperatur, bei der er seine Fließfähigkeit verliert.

Hohe Temperaturen führen zur Bildung brennbarer Gase, die bei einer Berührung mit einer Flamme zur Entzündung kommen. Das Öl hat seinen Flammpunkt erreicht.

 Der Flammpunkt ist die Temperatur, bei der sich über der Oberfläche des Schmieröls brennbare Gase bilden.

2. Schmierfette

Fettschmierungen werden bei niedrigen Geschwindigkeiten eingesetzt oder um geschmierte Bauteile vor Verunreinigungen zu schützen. Fette besitzen ein hohes Haftungsvermögen.

Schmierfette sind Lösungen von Seifen (z. B. Calcium-, Natrium- und Lithiumseifen) in Ölen. Somit sind Schmierfette eingedickte Öle.

Schmierfette können unterschiedliche Konsistenzen aufweisen. Diese reichen von halb fließend über weich, salbenartig bis fest und sehr fest.

Die Konsistenz von Schmierfetten wird durch Kennzahlen (NLGI-Klasse) angegeben.

Bei einer niedrigen Kennzahl (z. B. 00) hat das Schmierfett eine niedrige Konsistenz. Bei einer hohen Kennzahl (z. B. 6) hat es eine hohe Konsistenz. Je größer die Kennzahl für die Konsistenz wird umso fester ist das Schmierfett. Die Konsistenz kann auch durch die Walkpenetration angegeben werden. Nach **DIN 51502** werden Schmierfette folgendermaßen gekennzeichnet (→):

Konsistenzkennzahl
z. B. **3**: beinahe fest

Schmierung / lubrication

3. Festschmierstoffe

Festschmierstoffe werden bei geringen Geschwindigkeiten, hohen Drücken, stoßartigen Belastungen oder sehr niedrigen bzw. sehr hohen Betriebstemperaturen eingesetzt. Sie haften an den zu schmierenden Bauteilen auch dann noch, wenn der Schmierfilm von Fetten oder Ölen abreißt.

Festschmierstoffe sind pulverförmig. Sie erzeugen zwischen den aufeinander gleitenden Bauteilen eine Schmierstoffschicht.

Die Bezeichnung von Festschmierstoffen erfolgt durch chemische Kennbuchstaben (Tab. 2).

Eine gute Schmierwirkung bei Metall wird mit Molybdändisulfit (MoS_2) erreicht. Dessen Eigenschaften auf der Metalloberfläche ergeben kleine Reibwerte und einen großen Verschleißschutz. Bereits dünne Schichten erzeugen eine tragfähige Schicht.

Kontrolle von Schmierstoffen

Schmierstoffe können hinsichtlich ihrer Verunreinigung, Oxidation, Rückstandsbildung und Alterung kontrolliert werden.

In regelmäßigen Zeitabständen ist der Ölstand zu prüfen. Dies kann durch Messstäbe oder durch Ölstandsschaugläser erfolgen. Ebenso ist der Ölstand am Behälter einer Zentralschmierung zu prüfen.

Beurteilen von Schmierölen

Im Einsatz verändert Schmieröl seine Beschaffenheit (Tab. 1).

Die Beurteilung der Beschaffenheit ist durch eine Probenentnahme möglich. Dabei werden die Trübung, Verfärbung, das sich absetzende Wasser und der Anteil von festen Fremdstoffen bewertet. Eine Schmierölprobe kann durch eine Sichtprobe oder durch eine Untersuchung im Labor beurteilt werden.

Daraus können Rückschlüsse auf den Zustand des technischen Systems gezogen werden.

Tab. 1: Beschaffenheit von Ölen

Zustand	Ursache
Trübung	Feuchtigkeit und/oder feinste, in Schwebe befindliche Schmutzteile, feinste Luftbläschen
Verfärbung	Feinster Metallabrieb und/oder Fremdflüssigkeit Alterungserscheinung
starke Dunkelfärbung	Verunreinigungen durch feste Fremdstoffe wie Abrieb oder Staub Alterung durch Rückstandsbildung oder Überhitzung
sich absetzendes Wasser	Anfallen von Kondenswasser, Eindringen von Wasser
feste Fremdstoffe in der Ölprobe	Abrieb von aufeinander reibenden Bauteilen, Verschmutzung von Außen, Alterungsprodukte

Tab. 2: Schmierstoffarten

	Schmierstoffe					
Arten	Schmieröle		Schmierfette		Festschmierstoffe	
	Mineralöle	Synthetische Öle	Mineralölbasis	Synthetische Ölbasis	Graphit	Molybdändisulfit
Symbol/Kennbuchstabe	□	▭	△	◇	C	MoS_2
Verwendung – Geschwindigkeit	hoch		niedrig		niedrig	
Verwendung – Druck	niedrig		hoch		hoch	
Verwendung – Temperatur	hoch		niedrig		sehr hoch oder sehr niedrig	

Beurteilen von Schmierfetten

Eine Beurteilung von Fetten ist durch eine Sichtprobe möglich.

Gealterte Schmierfette sind dunkler gefärbt als Neufette. Kaltverseifte Fette trocknen nach längeren Betriebszeiten aus und werden hart, da sie Wasser enthalten. Sie geben dann nur noch eine ungenügende Menge Schmieröl frei. Lithium-Seifenfette enthalten kein Wasser und sind deshalb alterungsbeständig.

Beurteilung von Festschmierstoffen

Durch eine Sichtkontrolle kann festgestellt werden, ob der Festschmierstofffilm beschädigt ist.

3.6.3 Umgang mit Schmierstoffen

Lagerung

Schmierstoffe behalten ihre Eigenschaften nur, wenn sie fachgerecht gelagert werden. Feuchtigkeit, Frost oder starke Sonneneinstrahlung vermindern die Qualität der Schmierstoffe und sind deshalb zu vermeiden. Die Lagerung von Schmierstoffen unterliegt den Vorschriften aus dem *Gewerbe- und Wasserrecht*, weil sie brennbar und wassergefährdend sind.

Brennbare Flüssigkeiten sind in Gefahrenklassen eingeteilt. Die Festlegung erfolgt in Abhängigkeit vom Flammpunkt (Tab. 1).

Tab. 1: Gefahrenklassen brennbarer Flüssigkeiten

Gefahrenklasse	Flammpunkt
A I	unter 21 °C
A II	21°C bis 55 °C
A III	55 °C bis 100 °C

Bei den meisten Schmierölen liegt der Flammpunkt über 100 °C, sie werden deshalb keiner Gefahrenklasse zugeordnet.

Alle Schmieröle und Schmierfette sind wassergefährdende Stoffe. Die wassergefährdenden Stoffe werden in vier Gefährdungsklassen gegliedert (Tab. 2).

Tab. 2: Wassergefährdungsklassen

Wassergefähr-dungsklasse	Bedeutung
WGK 0	kaum wassergefährdend
WGK 1	schwach wassergefährdend
WGK 2	wassergefährdend
WGK 3	stark wassergefährdend

Altöle und wassermischbare Öle gehören grundsätzlich zur WGK 3.

Entsorgung

Verbrauchte Schmierstoffe sind ausschließlich in dafür zugelassenen Behältern zu sammeln. Dies erfolgt getrennt nach Sorten für verschiedene Kategorien:

- Kategorie 1 – Aufarbeitung
- Kategorie 2 – Weiterverwertung
- Kategorie 3 – Sondermüll

Die Entsorgung von Schmierstoffen nehmen autorisierte Sammelstellen vor. Gealterte und verunreinigte Schmierstoffe müssen restlos beseitigt werden.

 Die Entsorgung von Schmierstoffen muss nach den gesetzlichen Vorschriften erfolgen. In keinem Fall dürfen Öle in das Abwasser oder Grundwasser gelangen.

Hautschutz

Der Kontakt mit Schmierstoffen reizt die Haut und entzieht ihr Wasser und Fett. Dies kann zu Hauterkrankungen führen.

Zum Schutz sind Hautschutzmittel aufzutragen oder Schutzhandschuhe zu verwenden.

Das zu verwendende Hautschutzmittel ist den betrieblichen Hautschutzplänen zu entnehmen.

Die Auswahl der Schutzhandschuhe muss der Gefährdung am Arbeitsplatz entsprechen.

Zusammenfassung / summary

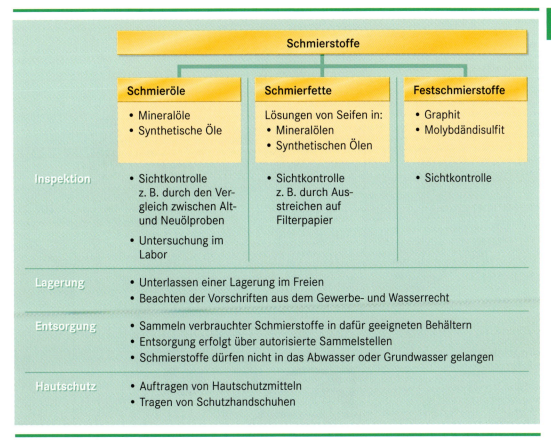

Aufgaben

1. Was haben Sie bei der Entsorgung von Mineralölen zu beachten?

2. Es stehen flüssige Schmierstoffe, Schmierfette und Festschmierstoffe zur Verfügung.

a) Beschreiben Sie den Unterschied zwischen den einzelnen Schmierstoffen.

b) Wann verwenden Sie die verschiedenen Schmierstoffarten?

3. Bei der Sichtkontrolle einer Schmierölprobe ist eine Trübung des Öles erkennbar. Erläutern Sie mögliche Ursachen der Trübung.

4. Welche möglichen Rückschlüsse können aus einer Schmierölprobe hinsichtlich des Zustandes eines Getriebes in einer Werkzeugmaschine entnommen werden?

5. Auf einem Schmierölbehälter ist folgende Kennzeichnung angegeben. Erläutern Sie die Kennzeichnung.

HLPD 46

6. Auf einem Behälter für Schmierfette ist folgende Kennzeichnung angegeben. Erläutern Sie die Kennzeichnung.

7. Sie müssen über einen längeren Zeitraum mit Schmierölen arbeiten. Wie schützen Sie sich vor Hautschäden?

8. Warum können kaltverseifte Fette nach einer längeren Betriebsdauer ihre Funktion nicht mehr erfüllen?

9. Welche Bedeutung hat die Viskosität bei der Auswahl des Schmieröls?

10. Wählen Sie einen geeigneten Schmierstoff aus und begründen Sie die Auswahl.

a) Für sehr hohe Temperaturen.

b) Für sehr niedrige Temperaturen.

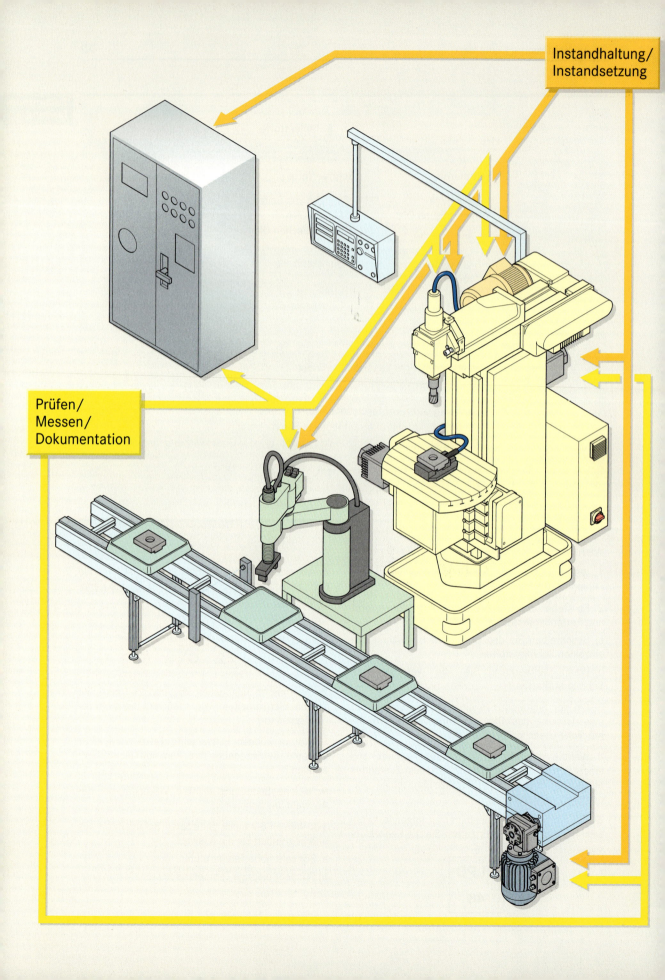

Elektrische Einheiten

4.1 Arbeiten an elektrischen Anlagen

Vorschriften

Für das Arbeiten an elektrischen Anlagen müssen bestimmte Regeln beachtet werden. Dazu gehören die

- Unfallverhütungsvorschriften (UVV),
- Vorschriften des VDE (Verband der Elektrotechnik, Elektronik und Informationstechnik) und
- DIN-Normen.

Die Unfallverhütungsvorschrift mit der Bezeichnung **Elektrische Anlagen und Betriebsmittel (BGV A2)** wird u. a. von der Berufsgenossenschaft für Feinmechanik und Elektrotechnik herausgegeben. Sie ist für alle im Betrieb tätigen Personen verbindlich. Neben anderen Vorschriften enthält sie die für den Elektriker und den verantwortlich Arbeitenden sehr wichtigen *fünf Sicherheitsregeln* ().

> ! Die fünf Sicherheitsregeln müssen in der vorgeschriebenen Reihenfolge beachtet werden.
> Nach Abschluss der Arbeiten sind die Sicherheitsregeln in umgekehrter Reihenfolge aufzuheben.

Verantwortlichkeit

Die Einhaltung von Vorschriften und Regeln ist lebenswichtig auch mit Rücksicht auf weitere Mitarbeiter, die in der Anlage arbeiten. Man unterscheidet dabei folgende Beschäftigte:

- **Elektrofachkräfte**

Sie müssen folgende Anforderungen erfüllen:
- Fachliche Ausbildung,
- Erfahrung aufgrund mehrjähriger Tätigkeit,
- Kenntnis entsprechender Normen,
- Fähigkeit, angeordnete Arbeiten zu beurteilen,
- Fähigkeit, Gefahren zu erkennen.

- **Elektrotechnisch unterwiesene Personen**

Sie können tätig werden bei den Voraussetzungen nach:
- Unterrichtung durch eine Elektrofachkraft,
- Einführung in übertragene Aufgaben,
- Hinweis auf Gefahren bei falschem Verhalten,
- Information über erforderliche Schutzeinrichtungen und Schutzmaßnahmen.

Der *Anlagenverantwortliche* trägt die unmittelbare Verantwortung für den ordnungsgemäßen Betrieb elektrischer Anlagen. Er kann Arbeiten an elektrischen Anlagen und Betriebsmitteln auch an andere Personen, z. B. Elektrofachkräfte oder elektrotechnisch unterwiesene Personen, übertragen. Dazu gehören Tätigkeiten wie:

- Herstellen, Errichten und Ändern elektrischer Anlagen,
- Instandhalten elektrischer Anlagen und Betriebsmittel.

Alle Arbeiten umfassen Tätigkeiten nach BGV A2 §3 Abs.1 (www.bgfe.de), die nur von Elektrofachkräften oder unter deren Anleitung verrichtet werden dürfen. Die Sicherheit und Funktion der Anlage oder der Betriebsmittel ist dann gewährleistet. Beim Instandhalten und Reinigen elektrischer Betriebsmittel kann es vorkommen, dass Arbeiten ohne Berührungsschutz bzw. unter Spannung durchgeführt werden müssen. Wenn also zwingende Gründe vorliegen, muss der Anlagenverantwortliche Folgendes festlegen:

- Art der Arbeiten, die unter Spannung ausgeführt werden müssen und
- die zuständige verantwortliche Elektrofachkraft.

Sicherheit

Für Montagearbeiten zur Instandhaltung muss der Anlagenverantwortliche Arbeitsanweisungen aufstellen, die Sicherheitsmaßnahmen enthalten. Darüber hinaus ist jeder Beschäftigte verpflichtet, an der Anlage für seine eigene Sicherheit und Gesundheit zu sorgen. Dazu gehören Bereiche des Arbeitsschutzes, z. B. die persönliche Schutzkleidung. Je nach Arbeitsgefährdung muss zusätzlich zur Schutzkleidung folgende Schutzausrüstung (vgl. Übersicht, Umschlagseite) getragen werden:

- Kopfschutz: Schutzhelm,
- Augenschutz: Schutzbrille,
- Schallschutz: Gehörschutzstöpsel bis 110 dB bzw. Gehörschutzkapseln bis 120 dB,
- Atemschutz: Filtergeräte,
- Handschutz: Sicherheitshandschuhe,
- Fußschutz: Sicherheitsschuhe,
- Absturzschutz: Halte- bzw. Auffanggurt.

Bei den erforderlichen Arbeiten müssen *isolierte Werkzeuge* verwendet werden (Abb. 1). Die Teile am Werkzeug, die mit den Händen berührt werden, haben isolierende Beschichtungen (z. B. aus Kunststoff) und tragen ein Prüfzeichen.

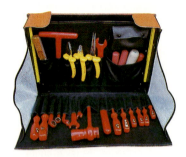

Abb. 1: Werkzeugkoffer

Für Anlagen bis 1000 V dürfen nur *zweipolige Spannungsprüfer* verwendet werden. Die vorhandene Spannung wird dann durch eine aufleuchtende Glimmlampe, ein eingebautes Spannungsmessgerät (Abb. 2) oder durch eine Leuchtdiode angezeigt.

Abb. 2: Zweipoliger Spannungsprüfer

Für Messungen sind Messgeräte einzusetzen, die den Effektivwert anzeigen. Dazu gehören *digitale Multimeter*. Mit ihnen sind genaue Messungen (z. B. der Messgrößen Spannung, Stromstärke und Widerstand) möglich. Multimeter zeigen den Messwert direkt als Zahl mit Komma, Polarität und Einheit an. Die Lage des Messgerätes braucht nicht beachtet zu werden, da zur Messwertbildung keine mechanischen Teile im Gerät enthalten sind. Multimeter sind gegen Überlastung geschützt.

Abb. 3: Messung mit digitaler Stromzange

In elektrischen Anlagen sind zur Kontrolle oft Stromstärkemessungen erforderlich, bei denen jedoch der Stromfluss nicht unterbrochen werden darf. Dafür sind *digitale Stromzangen* zu verwenden (Abb. 3). Mit ihnen können Gleich- und Wechselströme mit Messbereichen von z. B. DC 0,1 A ... 2500 A und AC 0,1 A ... 2100 A gemessen werden.

Schutzabstände

Der *Schutz gegen direktes Berühren* ist Teil der Maßnahmen gegen elektrischen Schlag, die in der **DIN VDE 0100-410** beschrieben sind. Hierzu gehören alle Maßnahmen zum Schutz vor Gefahren, die sich beim direkten Berühren von Spannung führenden Teilen ergeben.

Ein *vollständiger Schutz* gegen direktes Berühren liegt vor, wenn Spannung führende Anlagenteile mit einer Basis- und Betriebsisolierung ausgestattet sind (→📖). Auch durch Abdeckung und Umhüllung aktiver Teile, z. B. bei Schraubsicherungen, wird vollständiger Schutz erreicht (Abb. 4).

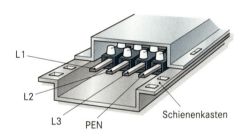

Abb. 4: Schutz durch Abdeckung

Ein *teilweiser Schutz* gegen direktes Berühren liegt vor, wenn unter Spannung stehende Anlagenteile durch Hindernisse abgegrenzt werden. Dies wird durch Geländer, Ketten oder Seile erreicht, die durch farbliche Kennzeichnungen in gelb/schwarz oder rot/weiß auf den Gefahrenbereich aufmerksam machen. Ein weiterer Schutz besteht im Einhalten des Handbereichs (Abb. 5). Dadurch sind unter Spannung stehende Teile, die außerhalb des Bereichs liegen, ohne Hilfsmittel nicht erreichbar.

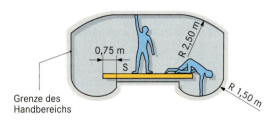

Abb. 5: Schutzabstand durch Handbereich

Elektrische Betriebsmittel / electrical equipment

4.2 Elektrische Betriebsmittel

Aufbau/Funktion

In einer elektrischen Anlage kommen verschiedene Arten elektrischer Betriebsmittel vor. Man unterscheidet nach ihrem Standort:

- *ortsfeste Betriebsmittel*, z. B. der Antriebsmotor und die Multifunktionsanzeige im Bedienpult der Fräsmaschine,
- *ortsveränderliche Betriebsmittel*, z. B. alle Elektrowerkzeuge.

Diese Betriebsmittel dienen zur Umwandlung von elektrischer in mechanische Energie, zur Steuerung oder Informationsübertragung beim Fertigungsprozess.

Durch den Verteilungsnetzbetreiber (VNB) werden folgende Spannungen zur Verfügung gestellt:

- Wechselspannung 230 V,
- Dreiphasen-Wechselspannung 400 V/230 V.

Die Energieeinspeisung in die Fabrikanlage kann über Mittelspannung erfolgen.

In einer Verteilerstation auf dem Fabrikgelände wird Mittelspannung, z. B. 10 kV, durch einen Leistungstransformator in die Niederspannung 400 V/230 V umgewandelt (Abb. 6). Über Sicherungs-Lasttrennschalter erfolgt dann die Energiezufuhr zur Energieverteilung (Abb. 7). Hier werden die einzelnen Stromkreise den elektrischen Betriebsmitteln zugeordnet. Diese sind Wechselstromverbraucher (z. B. Leuchten in der Fabrikhalle und Steckdosen zum Anschluss von Elektrowerkzeugen) oder Dreiphasen-Wechselstrom-Verbraucher (z. B. Drehstrommotoren).

Im Übersichtsschaltplan einer Energieverteilung sind folgende Stromkreise für elektrische Betriebsmittel installiert:

- **Wechselstromverbraucher, Stromkreis 9**, z. B. mit den Leitern für L1, N und PE. Die Absicherung erfolgt dabei über
- Schmelzsicherung F0.1 als Vorsicherung,
- Fehlerstrom-Schutzeinrichtung F0.2 (RCD) und
- Leitungsschutz-Schalter F1.9.

- **Drehstromverbraucher, Stromkreise 1 bis 8**, mit den Leitern für L1, L2, L3, N und PE. Die Absicherung erfolgt über
- Vorsicherung F0.1,
- Leitungsschutz-Schalter F1.1 bis F1.8 und
- Motorschutzschalter Q1.1 bis Q1.8.

Der Motorschutzschalter schützt den Motor vor Überlastung. Die gesamte Energieverteilung, wie sie im Übersichtsschaltplan dargestellt ist, befindet sich in einem Schaltschrank und ist nur für Anlagenverantwortliche zugänglich.

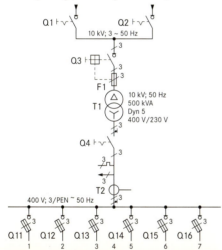

Abb. 6: Übersichtsschaltplan einer Energieversorgung

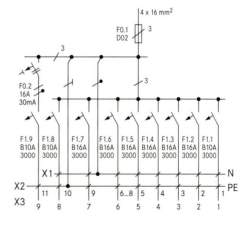

Abb. 7: Übersichtsschaltplan einer Energieverteilung

Wartung/ Inspektion

Wiederholungsprüfungen

Um einen störungsfreien Betrieb elektrischer Anlagen und Betriebsmittel zu gewährleisten, sind u. a. nach der BGV A2 und der DIN VDE 0105-100 Wiederholungsprüfungen in festgesetzten Zeitabständen durchzuführen (Tab.1). Unabhängig davon können die Betriebsmittelhersteller in den Betriebsanleitungen weitere Prüfungen vorschreiben.

Die Wiederholungsprüfungen sind folgendermaßen auszuführen:

- **Elektrische Anlage freischalten**

Bei den Messungen an *ortsfesten elektrischen Betriebsmitteln* sind die Außenleiter und der Neutralleiter vom Netz zu trennen. Gegen das Wiedereinschalten der Anlage müssen Sicherheitsmaßnahmen getroffen werden.

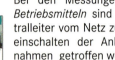

Tab. 1: Wiederholungsprüfungen – Ortsfeste Betriebsmittel

Elektr. Anlage/ Betriebsmittel	Prüffrist	Prüfablauf/ Prüfer
Elektrische Anlagen und ortsfeste Betriebsmittel		Prüfung auf ordnungsgemäßen Zustand (Messungen)
– allgemein	4 Jahre	
– in Betriebsstätten und Räumen besonderer Art [1]	1 Jahr	Elektrofachkraft
Fehlerstrom-Schutzeinrichtung (RCD) in stationären Anlagen	6 Monate	Betätigen der Prüftaste an RCD während Betriebsstillstand durch Benutzer bzw. Elektrofachkraft

[1] DIN VDE 0100 -720: Feuergefährdete Betriebsstätten
-729: Schaltanlagen und Verteiler
-731: Abgeschlossene elektrische Betriebsstätten

- **Messungen**

Es sind folgende Größen zu messen:

- Schutzleiterwiderstand,
- Isolationswiderstand und
- Schutzleiterstrom.

Für alle elektrischen Größen gelten Grenzwerte nach DIN VDE ( ).

Auch bei *ortsveränderlichen Betriebsmitteln* sind Wiederholungsprüfungen in festgesetzten Zeitabständen vorgeschrieben (Tab. 2).

Dafür sind folgende Größen zu messen:

- Isolationswiderstand und
- Berührungsstrom.

Nach Beendigung der Prüfungen muss der verantwortliche Prüfer das Messergebnis schriftlich dokumentieren.

Instand gesetzte und geprüfte Betriebsmittel erhalten ein Prüfzeichen (Abb.1), das sichtbar angebracht sein muss.

Abb. 1: Prüfzeichen

Tab. 2: Wiederholungsprüfungen – Ortsveränderliche Betriebsmittel

Ortsveränderl. Betriebsmittel	Prüffrist	Prüfablauf/ Prüfer
Verlängerungs- und Geräteanschlussleitungen mit zwei Steckvorrichtungen	6 Monate Bei Fehlerquote < 2 % kann Prüffrist verlängert werden.	Prüfung auf ordnungsgemäßen Zustand (Messungen) Elektrofachkraft oder elektrotechnisch unterwiesene Person
Fest installierte Anschlussleitungen mit Stecker Bewegliche Leitungen mit Stecker und Festanschluss	Maximalwert in Fertigungs- und Werkstätten: 1 Jahr	

Prüfungen und Messungen / tests and measurements 61

Wartung/Inspektion

Besichtigen und Erproben

Elektrische Anlagen müssen vor Inbetriebnahme auf den ordnungsgemäßen Zustand überprüft werden. Durch Verschleiß und Beschädigungen während des Betriebes sind regelmäßige Überprüfungen erforderlich (z. B. die Isolation der bewegten Leitung am Roboter).

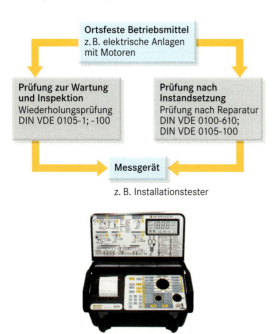

Abb. 2: Prüfgerät für ortsfeste Betriebsmittel

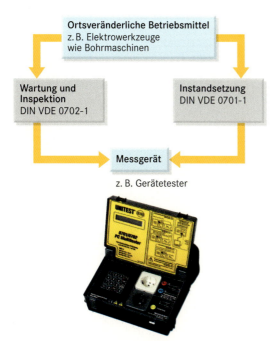

Abb. 3: Prüfgerät für ortsveränderliche Betriebsmittel

Weiterhin sind die Richtlinien des Maschinenherstellers zur Inspektion zu befolgen. Für die Prüfung ortsfester (Abb. 2) und ortsveränderlicher Betriebsmittel (Abb. 3) gelten DIN VDE-Vorschriften.

Beim *Besichtigen* wird kontrolliert, ob in der elektrischen Anlage und an den Betriebsmitteln Beschädigungen aufgetreten sind. Hierbei ist folgendes zu beachten:

- **Ist der Schutz gegen direktes Berühren spannungsführender Geräteteile gewährleistet?**

Der Schutz gegen direktes Berühren ist Teil der Schutzmaßnahme nach **DIN VDE 0100-410**. Aktive Teile von Betriebsmitteln stehen im Betrieb unter Spannung. Sie dürfen nicht offen liegen und nur mit Werkzeugen zugänglich sein. Dies ist z. B. im Klemmenkasten der Motoren an der Fräsmaschine der Fall. Aktive Teile müssen durch die *Abdeckung* vor direktem Berühren geschützt sein. Eine *Lockerung* der Abdeckung oder Beschädigungen an der Isolierung der Zuleitung sind zu beheben. Bei schadhafter Isolierung ist zu prüfen, ob eine vorläufige Reparatur mit Isolierband ausreicht. Später kann bei erforderlichem Stillstand der Maschine oder sonstiger Wartungsarbeiten die Zuleitung von der Verteilung bis zur Maschine ausgewechselt werden. Dabei ist auf den richtigen Anschluss in der Verteilung und im Klemmenkasten zu achten. Bei der Neuverlegung der Zuleitung muss darauf geachtet werden, dass die Leitung nicht über scharfe Kanten gelegt wird. Sie darf nicht geknickt werden (Knickschutz) und muss an den Einführungsstellen, z. B. zum Klemmenkasten, zugentlastet sein.

- **Sind Kennzeichnungen vollständig vorhanden?**

Kennzeichnungen und Aufschriften auf den Motoren sind auf Vollständigkeit und Lesbarkeit zu überprüfen (Abb. 4).

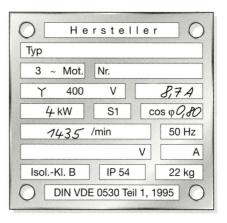

Abb. 4: Leistungsschild des Bandmotors (Kurzschlussläufer)

Die Teilbereiche einer Fabrikhalle, deren Zutritt nur für Elektrofachkräfte erlaubt ist, sind sichtbar durch Sicherheitsschilder zu kennzeichnen (vgl. Übersicht, Umschlagseite). Schaltpläne und Betriebsanleitungen müssen an zugänglichen Stellen vorhanden und einsehbar sein.

- **Sind äußerlich an Betriebsmitteln Mängel festzustellen?**

Drehende Teile an den Motoren, z. B. Lüfter, müssen gegen Berühren durch Abdeckungen gesichert sein. Deren *Befestigung* muss geprüft werden. Während des Betriebes angesammelte Schmutzteile an den Kühlöffnungen sind zu entfernen. Elektrische Betriebsmittel müssen vor Feuchtigkeit und Staub geschützt werden. Dabei ist auf das *Reinigen* der Lüfterseite bei den Motoren zu achten, Fremdkörper können z. B. durch Absaugen entfernt werden. Beim Abnehmen von Abdeckungen muss der Motorstillstand gewährleistet sein (Sichern gegen Wiedereinschalten), z. B. durch abschließbare Sicherheitsschalter. Eine ungewöhnliche *Geräuschentwicklung* bei Motoren kann außer auf Lagerschäden oder Getriebeschäden auch auf eine Überlastung hinweisen. Die Motorschutzeinrichtung hat dann in diesem Fall noch nicht angesprochen und den Motor abgeschaltet.

Beim *Erproben* soll die Funktion elektrischer Anlagen und Betriebsmittel geprüft werden. Dazu gehören z. B. folgende Bereiche:

- Wirksamkeit von Schutzeinrichtungen (z. B. RCD (Prüftaste betätigen) und Schutzrelais),
- Wirksamkeit der Not-Aus-Schalter,
- Funktionsfähigkeit der Kontroll- und Meldeleuchten,
- Notbeleuchtungsanlage mit Stromkreisen für
  - Sicherheitsbeleuchtung in Arbeitsstätten mit besonderer Gefährdung und
  - Ersatzbeleuchtung, die bei Netzausfall in $t < 0{,}5$ s auf Ersatzstrombetrieb umschaltet.

Zur Prüfung der Notbeleuchtungsanlage wird während eines Produktionsstillstandes oder der Durchführung von Wartungsarbeiten ein Netzausfall simuliert.

Bei vielen Teilprüfungen an elektrotechnischen Systemen erfolgt das Durchführen von Besichtigungen und das Erproben gleichzeitig.

> ! Beim Besichtigen wird der augenblickliche Zustand, beim Erproben die Funktion des elektrischen Betriebsmittels geprüft.

Ortsfeste elektrische Betriebsmittel

Instandsetzung

Beispiel: Pumpenmotor im Hydraulikaggregat

Die Anschlussleitung zu einem Pumpenmotor mit der Schutzklasse I ist abgeknickt. Dadurch ist die Basisisolierung beschädigt worden.

- **Welche Maßnahmen sind zum Schutz vor Personen- bzw. Sachschäden zu ergreifen?**

Die Anschlussleitung muss von der Verteilerstelle aus abgeklemmt und erneuert werden. Dafür ist zunächst der Stromkreis abzuschalten. Um ein Wiedereinschalten zu verhindern, muss z. B. das Hinweisschild nach Abb. 1 angebracht werden.

> **Es wird gearbeitet!**
> Ort:
> Entfernen des Schildes nur durch:

Abb. 1: Hinweisschild – Arbeiten an elektrischen Anlagen

Für die Instandsetzung sind folgende Arbeitsgänge erforderlich:

1. Vor dem Abklemmen der schadhaften Leitung ist mit einem zweipoligen Spannungsprüfer die *Spannungsfreiheit* festzustellen.
2. Danach wird die neue Leitung abgelängt, abgemantelt, zugeschnitten, abisoliert und angebogen.
3. Die bearbeiteten Leiter werden an den Anschlussstellen in der Verteilung und im Klemmenkasten des Motors angeschlossen.

Um den Rechtslauf des Motors zu gewährleisten, ist die Reihenfolge der anzuschließenden Leiter zu beachten. Da es sich beim Pumpenmotor um ein Gerät mit der Schutzklasse I handelt, ist auf einen sorgfältigen Anschluss des grün-gelben Schutzleiters an der mit PE oder Erdungszeichen gekennzeichneten Stelle zu achten (Abb. 2).

Abb. 2: Schutzleiteranschluss

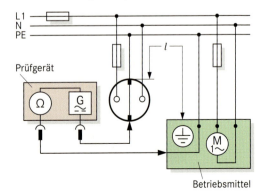

Abb. 3: Messen des Schutzleiterwiderstandes

Messungen

Nach einer Instandsetzung werden geprüft:

- Funktionsfähigkeit des Betriebsmittels,
- Stromaufnahme laut Leistungsschild,
- Betriebsspannung.

Nach DIN VDE sind außerdem Prüfungen der *Schutzmaßnahmen gegen elektrischen Schlag* erforderlich (➜🕮). Für fest angeschlossene Betriebsmittel mit Wechsel- oder Drehstromanschluss gelten dieselben Bestimmungen.

- **Schutzleiterwiderstand messen**

Wenn die Verbindungen zum Netz nicht gelöst werden können, wird das Messgerät folgendermaßen angeschlossen: Eine Messleitung wird an die PE-Klemme des instandgesetzten Betriebsmittels, die andere an den Schutzkontakt der nächsten Schutzkontaktsteckdose gelegt (Abb. 3). Als Grenzwert für den Schutzleiterwiderstand R_{Schl} gilt:

- $R_{Schl} \leq 0{,}3\ \Omega$ bei einer Länge von $l \leq 5$ m.

Für je 7,5 m weitere Verlängerung des Schutzleiters ist ein Zuschlag von + 0,1 Ω anzusetzen.

Für die folgenden Messungen muss das Betriebsmittel vom Netz getrennt werden (Freischalten). Dies betrifft die Leiter L1, L2, L3 und N. Der Schutzleiter bleibt fest angeschlossen.

- **Isolationswiderstand messen**

Bei abgeschaltetem Gerät werden Außenleiter und Neutralleiter im Messgerät verbunden ①. Eine weitere Messleitung wird an verschiedene Stellen des Metallgehäuses gelegt ② (Abb. 4). Damit wird gewährleistet, dass Zwischenisolierungen am Gerät berücksichtigt werden.

Für den Isolationswiderstand R_{iso} gilt je nach Schutzklasse der Grenzwert:

- $R_{iso} \geq 1{,}0\ M\Omega$ für Geräte der Schutzklasse I

- **Schutzleiterstrom messen**

Bei jedem elektrischen Betriebsmittel der Schutzklasse I fließt trotz Isolierung ein kleiner Strom über die Isolierung, das Metallgehäuse und den Schutzleiter zum Erder der Anlage. Dieser Ableitstrom darf je nach Anschlussleistung des Betriebsmittels nur eine bestimmte Größe haben (➜🕮). Das Betriebsmittel wird einschließlich des Schutzleiters an das Messgerät angeschlossen (Abb. 5). Für den Ableitstrom gilt bei ortsfesten Betriebsmitteln der Schutzklasse I der Grenzwert:

- $I_{Abl} \leq 3{,}5$ mA bei $P \leq 3{,}5$ kW.

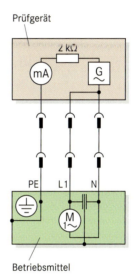

Abb. 5: Messen des Schutzleiterstromes

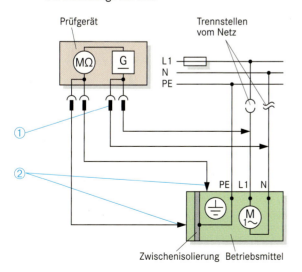

Abb. 4: Messen des Isolationswiderstandes

> ❗ Beim Messen des Schutzleiterwiderstandes wird die funktionsfähige Schutzleiterverbindung geprüft und dadurch der Personenschutz nachgewiesen.
>
> Durch das Messen des Isolationswiderstandes wird geprüft, ob die Isolierung des Betriebsmittels einwandfrei ist.
>
> Beim Messen des Schutzleiterstromes wird die Sicherheit für den Fall des zufälligen Berührens leitfähiger Teile geprüft.

Nach Abschluss der Instandsetzungsarbeiten sind die Sicherheitsregeln in umgekehrter Reihenfolge aufzuheben.

Ortsveränderliche elektrische Betriebsmittel

Ortsveränderliche Betriebsmittel sind kein Bestandteil der Bearbeitungsstation sondern gehören zur Werkstattausrüstung der Instandhalter.

Beispiel: Elektrische Handbohrmaschine

Als Folge des häufigen Gebrauchs sind z. B. bei einer Bohrmaschine der Knickschutz und dadurch die Anschlussleitung beschädigt.

- **Welche Maßnahmen sind zur Instandsetzung der Bohrmaschine erforderlich?**

Nach dem Trennen der Bohrmaschine vom Netz und dem Abklemmen der defekten Anschlussleitung wird eine neue Gummischlauchleitung zugerichtet. Da dieses Gerät die Schutzklasse II (Schutzisolierung) hat, ist eine zweiadrige Leitung auszuwählen. Ein grün-gelber Schutzleiter ist hier nicht erforderlich. Nach dem Anschluss der beiden Leiter in der Bohrmaschine muss besonders auf die Montage der *Zugentlastung* und das Anbringen des *Knickschutzes* geachtet werden.

Messungen

Nach der Instandsetzung ist die Funktionsfähigkeit der Bohrmaschine zu prüfen. Anschließend müssen die nach DIN VDE 0701-1 vorgeschriebenen Messungen durchgeführt werden.

- **Schutzleiterwiderstand messen**

Da es sich in diesem Fall um ein Gerät der Schutzklasse II handelt, entfällt hier die Messung des Schutzleiterwiderstandes.

Bei Geräten der Schutzklasse I ist jedoch nach Instandsetzung die Messung des Schutzleiterwiderstandes erforderlich. Es gilt der Grenzwert:

- $R_{Schl} \leq 1\ \Omega$ für Geräte der Schutzklasse I

- **Isolationswiderstand messen**

Die Messung wird hier zwischen den aktiven Teilen, z. B. L1 und N, und den berührbaren, leitfähigen Teilen der Bohrmaschine durchgeführt (Abb. 1). Für den Isolationswiderstand R_{iso} gilt je nach Schutzklasse der Grenzwert:

- $R_{iso} \geq 2{,}0\ M\Omega$ für Geräte der Schutzklasse II.

- **Berührungsstrom messen**

Trotz Schutzisolierung kann es beim Betrieb elektrischer Geräte zu Beschädigungen der Isolierung kommen. Deshalb ist die Messung eines möglichen Berührungsstromes erforderlich. Die Messung erfolgt nach Abb. 2. Für den Berührungsstrom gilt je nach Schutzklasse der Grenzwert:

- $I_b \leq 0{,}25\ mA$ für Geräte der Schutzklasse II.

> **Bei Schutzklasse I:**
>
> Der Isolationswiderstand wird zwischen allen aktiven Teilen und dem Schutzleiter PE gemessen.
>
> **Bei Schutzklasse II oder III:**
>
> Der Isolationswiderstand wird zwischen den leitfähigen Gehäuseteilen gemessen.
>
> Die Messung erfolgt mit einer Gleichspannung von 500 V.
>
> Die Messung des Berührungsstromes liefert den Nachweis für eine intakte Isolierung und die erforderliche Sicherheit beim Berühren leitfähiger Teile am Gerät.

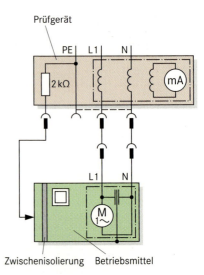

Abb. 2: Messen des Berührungsstromes

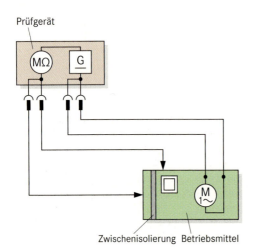

Abb. 1: Messen des Isolationswiderstandes

4.3 Mess- und Prüfgeräte

Für die Prüfungen, die nach den Vorschriften und Normen gefordert werden, dürfen nur bestimmte Messgeräte verwendet werden. Die Anforderungen an das Messgerät richten sich nach DIN VDE 0413 und EN 61557 („Geräte zum Prüfen von Schutzmaßnahmen in elektrischen Anlagen"). Diese beziehen sich z. B. auf:

- Geräteart,
- Bezeichnung des Mess- und Prüfgerätes und
- VDE-Bestimmungen sowie weitere Erläuterungen.

Weiterhin gibt es spezielle Messgeräte, die mit Hilfe einer PC-Software die Protokollierung der durchgeführten Messungen ermöglichen.

Messgeräte

Das *digitale Multimeter* misst z. B. den *Effektivwert* von Spannungen und Strömen (Abb. 3). Es besitzt einen Messwertspeicher und ermöglicht Langzeitmessungen in Verbindung mit einem Notebook oder PC.

Mit einem *Fehlerstromdetektor* (Abb. 4) können Fehler- bzw. Berührungsströme gemessen werden. Dies sind Ströme, die nicht über den Neutralleiter (N-Leiter) sondern über das Gehäuse von Geräten und den Schutzleiter zum Erder fließen. Über den Fehlerstromdetektor, der zuerst an die Schutzkontaktsteckdose angeschlossen wird, ist das zu prüfende Gerät anzuschließen. Das Messgerät bietet neben der Anzeige die Möglichkeit, Fehler- bzw. Berührungsströme mit Hilfe externer Schreiber aufzuzeichnen.

Infrarot-Kameras (Abb. 5) werden zur vorbeugenden Instandhaltung und Zustandsüberwachung eingesetzt.

Abb. 5: Infrarot-Kamera

Sie ermöglichen berührungslose Temperaturmessungen an Stellen, wo z. B. elektrische Leitungsverbindungen oder Sicherungen installiert sind. Wenn sich solche Verbindungen gelockert haben, entstehen Übergangswiderstände. Durchfließende Ströme bewirken eine Erwärmung und im weiteren Verlauf eine Zerstörung der Bauteile, z. B. an einer Sammelschienen-Schraubverbindung (Abb. 6a und b). Bei der Betrachtung mit einer Infrarot-Kamera wird deutlich, dass an der rechten Schraubverbindung eine *Erwärmung* auf Lockerung hindeutet. Infrarot-Kameras ermöglichen außer der Besichtigung auch die Dokumentation (z. B. bei der Prüfung von Motoren auf Wicklungs- oder Lagerschäden und zur Untersuchung der Ursachen für Überhitzung aus anderen Gründen). Die Ursachen dafür können z. B. fehlende Schmiermittel und fehlerhaft justierte Lager und Antriebe sein.

Abb. 3: Digitales Multimeter   Abb. 4: Fehlerstromdetektor

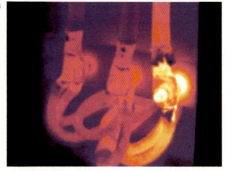

Abb. 6: Verbindungsstellen – a) direkte Ansicht b) Ansicht mit Infrarot-Kamera

Dokumentation

Die *schriftliche Dokumentation* kann auf speziellen Formularen der Betriebsmittelhersteller (Abb. 1) und vorgedruckten Protokoll-Formularen laut BGV A2 (Abb. 2) erfolgen. Diese beinhalten Hinweise u. a. auf:

- Bezeichnung des elektrischen Betriebsmittels,
- Bezeichnung des Auftrags,
- Wiederholungsprüfungen,
- Prüfungen nach Instandsetzung,
- Ergebnis der Prüfungen,
- Prüfer und Prüfgerät sowie
- Bestätigung des Prüfers mit Datum und Unterschrift.

  Im Prüfprotokoll werden Prüfergebnisse der Besichtigung und Messungen dokumentiert.

Durch die Dokumentation wird der Nachweis über die ordnungsgemäß durchgeführten Prüfungen erbracht.

Mess- und Prüfprotokoll

Fehler-Nr.	Strompfad	Messpunkte	Überprüfung	Ergebnis
4	22	Schütz Q1 Anschluss 11 Schütz Q1 Anschluss 14	mit Widerstandsmesser in spannungsfreiem Zustand auf Durchgang prüfen, Schütz Q1 von Hand betätigen	Schütz Q1 hat angezogen, Schließerkontakt Q1 war geschlossen, Messergebnis hochohmig: **Schützkontakt defekt**

Abb. 1: Hersteller- bzw. Firmenprotokoll – Ausschnitt

Protokoll der ☐ Erst- ☐ Wiederholungsprüfung
☐ der elektrischen Anlagen (Elektroinstallation)
☐ elektrischen Ausrüstung [1]

Auftragnehmer (prüfender Betrieb)

Prüfobjekt
Ort – Straße – Nr.
Teilobjekt
Auftraggeber – Auftrag-Nr.

Der Auftrag umfasst
die elektrischen Anlagen der ☐ Gebäude ☐ Bereiche ☐ Maschinen

nach Schaltplan/Grundriss [1] Nr.
und die Sonderanlagen [1] Blitzschutzanlage, Photovoltaikanlage

Grundlage der Prüfung
Gesetzliche Grundlagen [1]: BGB § 536, Gerätesicherheitsgesetz, Energiewirtschaftsgesetz
UVV BGV A2, GUV 2.10, VSG 1.4
Normen [1]: Errichtung nach: DIN VDE 0100
Prüfung nach: DIN VDE 0100 Teil 610 – DIN VDE 0105 Teil 100 – DIN VDE 0113 – DIN VDE 0702
Sonstige [1]:

Sicherheitsprüfung elektrischer Anlagen

Abb. 2: Protokoll nach BGV A2 – Ausschnitt

Zusammenfassung / summary

Besichtigen/Prüfen

- **Bauteile, die für die Sicherheit wichtig sind:**
  - Schutzabdeckungen und Gehäuse
  - Anschlussleitungen und Befestigungen
  - Zugentlastung und Knickschutz
  - Sicherungen und ihre Halterungen

- **Verlegung des Schutzleiters:**
  - mechanischer Schutz an Einführungsstellen von Gehäusen
  - Befestigung des Schutzleiters mit Reserve (PE-Schlaufe)

- **Aufschriften an Betriebsmitteln:**
  - Vollständigkeit
  - Richtigkeit

Messen

- **Schutzleiterwiderstand R_{Schl}**
  - Anschlussleitung mit $l \leq 5$ m, Grenzwert: $R_{Schl} \leq 0{,}3\ \Omega$ mit Zuschlag von $+0{,}1\ \Omega$ je 7,5 m, $R_{max} = 1\ \Omega$

- **Isolationswiderstand R_{iso}**
  - Betriebsmittel vom Netz trennen
  - Messung zwischen aktiven und berührbaren Teilen
  - Grenzwerte: $R_{iso} \geq 1{,}0\ M\Omega$ (Schutzklasse I)
    $R_{iso} \geq 2{,}0\ M\Omega$ (Schutzklasse II)

- **Schutzleiterstrom I_{Abl}**
  - Betriebsmittel an Netzspannung legen
  - Grenzwerte: $I_{Abl} \leq 3{,}5$ mA bei $P \leq 3{,}5$ kW (Schutzklasse I)
    $I_{Abl} \leq 0{,}5$ mA (Schutzklasse II)

- **Berührungsstrom I_b**
  - Betriebsmittel an Netzspannung legen
  - Messung an leitfähigen Teilen
  - Grenzwerte: $I_b \leq 0{,}5$ mA (Schutzklasse I)
    $I_b \leq 0{,}25$ mA (Schutzklasse II)

Aufgaben

1. Welche Person ist für die Arbeiten an elektrischen Anlagen verantwortlich? Nennen Sie einige Aufgaben.

2. Welche Schutzausrüstungen sind bei elektrischen Montagearbeiten zur Instandhaltung erforderlich?

3. Durch welche Maßnahme wird vollständiger Schutz gegen direktes Berühren Spannung führender Anlagenteile erreicht?

4. Nennen Sie einige Eigenschaften von digitalen Multimetern.

5. Erklären Sie, was man unter Schutzabstand durch Handbereich versteht.

6. Warum sind regelmäßige Überprüfungen elektrischer Anlagenteile erforderlich?

7. Nennen Sie drei Bereiche, die bei der Wartung und Inspektion elektrischer Anlagenteile beim Besichtigen kontrolliert werden müssen.

8. Beschreiben Sie die Arbeitsgänge, die bei der Erneuerung einer beschädigten Anschlussleitung eines elektrischen Betriebsmittels erforderlich sind.

9. Beschreiben Sie vier Funktionsprüfungen, die zum Erproben elektrischer Anlagenteile gehören.

10. Welche Messungen müssen an einem ortsfesten Betriebsmittel mit der Schutzklasse I nach der Instandsetzung durchgeführt werden?

11. Wie groß darf R_{Schl} jeweils bei den Leitungslängen $l_1 = 4{,}5$ m, $l_2 = 7$ m und $l_3 = 21$ m sein?

12. Beschreiben Sie die Messung eines Isolationswiderstandes an einem ortsveränderlichen Betriebsmittel mit der Schutzklasse II.

13. Wodurch entstehen Fehlerströme in elektrischen Betriebsmitteln?

14. Beschreiben Sie den Weg von Fehlerströmen, die mit einem Fehlerstromdetektor gemessen werden.

15. Nennen Sie mögliche Fehlerstellen in einer elektrischen Anlage, die mit Infrarot-Kameras geortet werden können.

16. Begründen Sie die Notwendigkeit, auftretende Fehler in einer elektrischen Anlage oder an elektrischen Betriebsmitteln zu protokollieren.

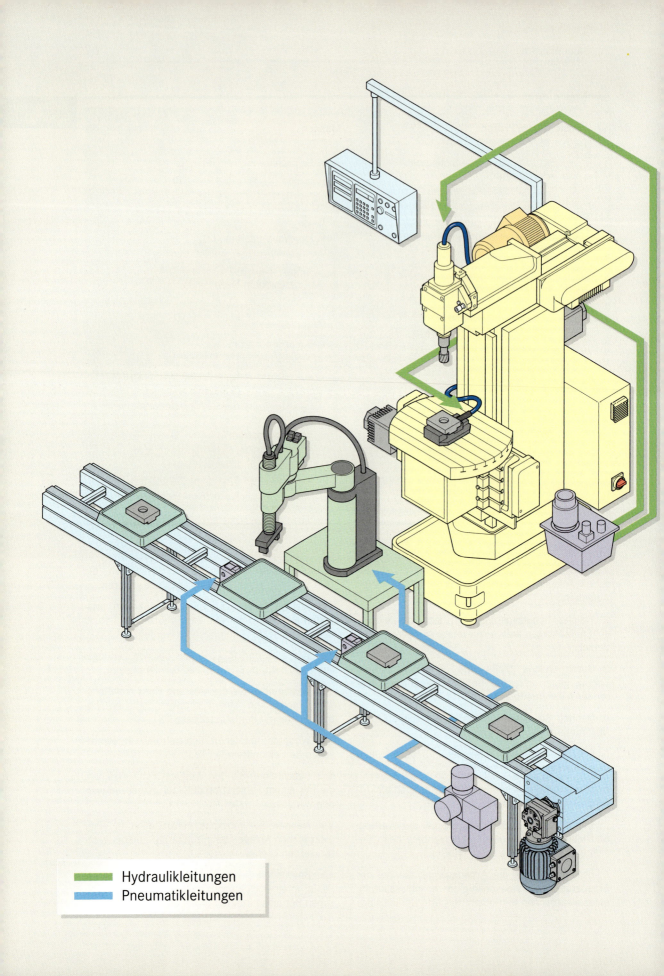

Hydraulische und pneumatische Einheiten

5.1 Hydraulische Einheiten

Die Werkzeug- und Werkstückspannung erfolgen an der Fräsmaschine hydraulisch. Im Maschinengestell befindet sich das Hydraulikaggregat. Für die erforderliche Spannarbeit wird die Druckenergie genutzt. Die Hydraulikflüssigkeit gelangt über starre oder flexible Leitungen zu den Bauteilen der Hydraulikanlage.

Aufbau und Funktion der Hydraulikanlage zeigt der Hydraulikplan, der auch Bestandteil der Betriebsanleitung des Herstellers ist (Abb. 1). Das Hydraulikaggregat besteht aus

- Hydraulikbehälter (0Z1),
- Pumpenmotor (0M1),
- Hydraulikpumpe (0P1),
- Druckbegrenzungsventil (0V1),
- Rückschlagventil (0V2),
- Ölfilter (0Z2) und
- Überdruckmesser (0Z3).

Über das 4/2-Wegeventil (1V1) wird der Spannzylinder (1A1) angesteuert.

Die Bauteile der Hydraulikanlage werden durch Rohr- oder Schlauchleitungen verbunden. Rohrverschraubungen verbinden die Leitungen mit den hydraulischen Bauteilen.

Beim Arbeiten an hydraulischen Anlagen ist zu beachten:

- Hydraulikpumpe ausschalten.
- Keine Leitungsverschraubungen, Anschlüsse und Geräte lösen, solange die Anlage unter Druck steht.
- Bei allen Arbeiten auf Sauberkeit achten.
- Alle Öffnungen mit Schutzkappen verschließen, damit kein Schmutz in das Hydrauliksystem eindringt.
- Hydraulikanschlüsse nicht verwechseln.
- Keine Putzwolle zum Reinigen von Ölbehältern verwenden.

Beim Wechseln von Hydraulikleitungen ist zu beachten:

- richtige Druckstufe der Schläuche und Armaturen,
- ausreichende Schlauchleitungslänge,
- fachgerechte Verlegung und Montage.

Beim Umgang mit Druckflüssigkeiten und deren Entsorgung die Angaben von Betriebsanweisung und Sicherheitsblättern befolgen. Die Hände sind mit einer Schutzcreme einzucremen.

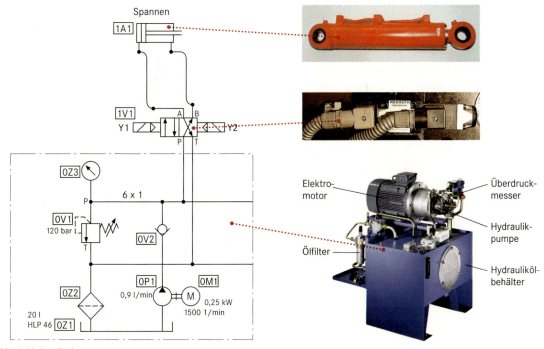

Abb. 1: Hydraulikplan

Wartung Die Wartung von Hydraulikanlagen umfasst folgende Tätigkeiten:

- Hydraulikanlage reinigen,
- Hydrauliköl wechseln,
- Hydrauliköl ergänzen,
- Hydraulikfilter wechseln oder reinigen.

Diese Wartungsarbeiten müssen in bestimmten Intervallen ausgeführt werden. Entscheidend für die Wartungsintervalle ist der Einsatz der Hydraulikanlage (Tab. 1).

Tab. 1: Wartungsintervalle

Einsatzklasse A	
Gelegentliche Nutzung bei langen Stillstandszeiten	alle zwei Jahre bei guten Umgebungsbedingungen (z. B. staubfreie Umgebung, nicht im Freien), sonst jährlich.
Einsatzklasse B	
Regelmäßige Nutzung bei unterbrochenem Betrieb	jährlich
Einsatzklasse C	
Regelmäßige Nutzung im Dauerbetrieb	nach maximal 5000 Betriebsstunden, spätestens jährlich

Hydraulikanlage reinigen

Die Hydraulikanlage muss regelmäßig gereinigt werden. Dadurch wird erreicht, dass

- beim Nachfüllen der Hydraulikflüssigkeit und beim Filterwechsel kein Schmutz in das System gelangt,
- sich bewegende Zylinderstangen vor Verschleiß geschützt werden,
- undichte Stellen besser sichtbar werden.

Beim Reinigen darf die Reinigungsflüssigkeit nicht in das Hydrauliksystem gelangen.

Hydrauliköl wechseln

Das Hydrauliköl wird nach den Vorgaben des Wartungsplans gewechselt (Abb. 1). Ein Ölwechsel muss auch durchgeführt werden, wenn Inspektionsergebnisse dies erfordern.

Bei einem Ölwechsel sind folgende Tätigkeiten auszuführen:

- Ölauffangwanne bereitstellen.
- Ölauffangmatten oder ölbindende Mittel bereitstellen.
- Hydrauliköl aus dem Ölbehälter ablassen oder abpumpen.
- Behälter auf abgesetztes Wasser oder Bodenschlamm überprüfen.
- Falls erforderlich eine Ölprobe entnehmen. Dazu müssen die Entnahmeeinrichtung und die Probeflasche sehr sorgfältig gereinigt sein (siehe S. 47).
- Ölbehälter reinigen.
- Hydrauliköl über einen Ölfilter nachfüllen. Die Porengröße dieses Filters sollte gleich oder kleiner als diejenige des eingebauten Ölfilters sein.
- Abgelassenes Hydrauliköl und ölverschmutzte Putzlappen müssen nach geltenden Vorschriften gelagert und entsorgt werden.

Abb. 1: Ölwechsel mit einem mobilen Ölfilter

Hydrauliköl ergänzen

Wird bei einer Inspektion ein zu niedriger Ölstand im Ölbehälter festgestellt, muss Hydrauliköl über einen Ölfilter nachgefüllt werden.

Hydraulikfilter wechseln oder reinigen

Es gibt Ölfilter mit wiederverwendbaren Filterelementen oder mit Einwegfilterelementen. Einwegfilterelemente müssen bei einem Ölwechsel ausgetauscht werden. Wiederverwendbare Filterele-

Hydraulische Einheiten / hydraulic units

mente müssen bei einem Ölwechsel gereinigt werden. Heute werden hauptsächlich Ölfilter mit auswechselbaren Filterelementen verwendet. Der Zustand dieser Ölfilter wird mit Hilfe einer Verschmutzungsanzeige überwacht (Abb. 2). Das Überschreiten einer Grenzverschmutzung wird angezeigt.

Abb. 2: Verschmutzungsanzeige

Das Wechseln des Filterelementes umfasst folgende Schritte:

- Hydraulikfilter mit dem verschmutzten Filterelement druckentlasten.
- Filtergehäuse abschrauben bzw. Filterdeckel öffnen. Auf Sauberkeit achten.
- Verschmutztes Filterelement gemeinsam mit dem eingelegten Schmutzauffangkorb entnehmen.
- Die im Filtergehäuse vorhandene Restflüssigkeit vorschriftsgemäß entsorgen. Auf keinen Fall darf diese wegen der hohen Verschmutzung in den Ölkreislauf gelangen.
- Gehäuse mit einem flusenfreien, sauberen Lappen reinigen.
- Dichtung am Filterdeckel oder Filtergehäuse kontrollieren und falls erforderlich auswechseln.
- Dichtung des Filterelementes sowie die Dichtflächen und Gewinde am Filtergehäuse mit sauberem Hydrauliköl dünn bestreichen.
- Neues Filterelement entsprechend der Herstellerangaben einbauen.
- Filtergehäuse aufschrauben oder Filterdeckel schließen.
- Anlage einschalten und den Hydraulikfilter auf äußere Leckage kontrollieren.

Inspektion

Die Inspektionen richten sich nach dem Gesamtinspektionsplan (siehe Kap. 2). Für die Hydraulik gelten hierbei folgende Richtwerte (Tab. 2).

Tab. 2: Inspektionsintervalle

auszuführende Arbeit	Kurzinspektion (täglich)	Einsatzklassen		
		A	B	C
Gesamtanlage:				
– äußere Leckagen	•	monatlich	wöchentl.	täglich
– Verschmutzung	•	monatlich	wöchentl.	täglich
– Geräusche	•	monatlich	wöchentl.	täglich
– Beschädigungen	•	monatlich	wöchentl.	täglich
Hydrauliköl:				
– Stand	•	monatlich	wöchentl.	täglich
– Temperatur	•	monatlich	wöchentl.	täglich
– Zustand (Ölproben)			1 Jahr	1/2 Jahr
Filter:				
– Überwachung von Verschmutzungsanzeigen	•	monatlich	wöchentl.	täglich
Einstellwerte:				
– Druckventil		1 Jahr	1/2 Jahr	1/2 Jahr
– Spanndruck für Werkzeug	•	1 Jahr	1/2 Jahr	1/2 Jahr
– Spanndruck für Werkstück	•	1 Jahr	1/2 Jahr	1/2 Jahr
Pumpen:				
– Druck-Volumenstromkennlinie			1 Jahr	1/2 Jahr
– Volumenstrom des Lecköls				

Vor Beginn der Arbeit muss der Anlagenführer eine Kurzinspektion durchführen. Hierbei vergewissert er sich über den ordnungsgemäßen Zustand der Anlage.

Die Inspektionsarbeiten müssen bei eingeschaltetem Hydraulikaggregat durchgeführt werden.

Rohrleitungen und Rohrverschraubungen prüfen

Die Kontrolle des Leitungsnetzes (Abb. 1) besteht aus folgenden Tätigkeiten:

- Rohrleitungen auf Beschädigungen überprüfen,
- Verschraubungen, Einschraub- und Verbindungsverschraubungen auf Dichtigkeit kontrollieren,
- Rohrleitungen auf festen Sitz in ihren Befestigungen prüfen und
- Rohrleitungen auf unzulässige Schwingungen untersuchen.

Schlauchleitungen prüfen

Schlauchleitungen werden auf folgende Mängel untersucht:

- Beschädigung der Außenschicht bis zur Einlage z. B. durch Risse, Schnitte oder Scheuerstellen,
- Rissbildung durch Versprödung (Alterung) des Schlauchmaterials,
- Verformungen, hervorgerufen durch Schichttrennung, Blasenbildung, Quetsch- oder Knickstellen,
- undichte Schlauchleitung,
- Schlaucharmatur beschädigt oder deformiert,
- Schlauch löst sich aus der Armatur,
- Armatur korrodiert, so dass Festigkeit und Funktion beeinträchtigt werden,
- die Verwendungsdauer ist überschritten.

Die Verwendungsdauer eines Hydraulikschlauches sollte max. 6 Jahre ab Herstellerdatum nicht überschreiten. Das Herstelldatum ist auf der Schlaucharmatur vermerkt. Abbildung 2 zeigt den Aufbau eines Hydraulikschlauches.

Abb. 2: Aufbau eine Hydraulikschlauches

Wird einer dieser Mängel festgestellt, so muss die betreffende Schlauchleitung ausgetauscht werden.

Hydrauliköl kontrollieren

Die Kontrolle umfasst den Zustand des Öls und den Ölstand im Ölbehälter. Der Ölstand im Hydraulikbehälter ist am Schauglas zu kontrollieren (Abb. 3). Ein zu niedriger Ölstand deutet auf äußere Leckagen hin. Des weiteren muss die Öltemperatur kontrolliert werden.

Um eine genaue Auskunft über die vorhandene Ölqualität zu erhalten, werden Ölproben im Labor untersucht (siehe Kap 3.6). Damit der Betriebszustand des Hydrauliköls erfasst wird, müssen die Ölproben bei betriebswarmer Anlage aus dem Be-

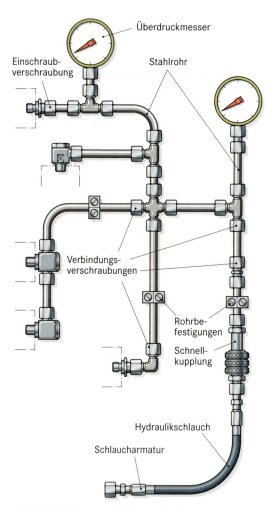

Abb. 1: Rohrleitungen und Rohrverschraubungen

Eine lockere Verbindung in einer Druckleitung führt zur Leckage von Hydrauliköl. Bei Rücklauf- und Ansaugleitungen führen lockere Verbindungen zum Ansaugen von Luft in das Hydrauliksystem. Lose Rohrleitungen können durchscheuern.

Hydraulische Einheiten / hydraulic units 73

hälter entnommen werden. Eventuell vorhandene Schwebstoffe haben sich dann noch nicht abgesetzt. Bei komplexeren Hydraulikanlagen sind hierfür extra Ventile eingebaut, die es ermöglichen, während des Betriebes Kontrollmessungen und Ölentnahmen durchzuführen (Abb. 4). Nach der anschließenden Untersuchung des Öls können Aussagen über den Ölzustand und die Schmutzrückstände gemacht werden (siehe S. 47 f).

Abb. 3: Ölstand

Abb. 5: Hydraulikzylinder

Hydraulikpumpe und Elektromotor prüfen

Die Inspektion der Hydraulikpumpe und des Elektromotors umfasst folgende Maßnahmen (Abb. 6):

- Temperatur von Pumpe und E-Motor mit der Hand überprüfen. Bei normaler Betriebstemperatur lassen sich diese Hydraulikkomponenten mit der Hand berühren.

- Geräuschverhalten von Pumpe und E-Motor bewerten.

- Befestigungen und Ausrichtung von Hydraulikpumpe und E-Motor kontrollieren.

- Pumpen-Drehrichtung überprüfen.

- Leitungsanschlüsse und Wellendurchführung bei der Pumpe auf Dichtheit kontrollieren.

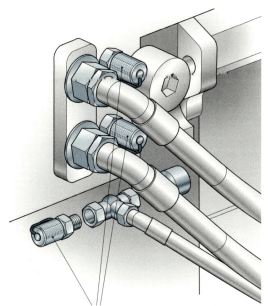

Ventilanschlüsse zur Druckkontrolle, Ölentnahme oder Entlüftung

Abb. 4: Hydraulikanlage mit Messstellenanschlüssen

Zylinder kontrollieren

Bei Hydraulikzylindern ist der Zustand der Kolbenstange von großer Bedeutung (Abb. 5). Sie wird auf Verformung, Beschädigung und Korrosion untersucht. Der äußere Zustand und die Dichtheit des Hydraulikzylinders müssen beurteilt werden. Die Befestigungen und die genaue Ausrichtung des Hydraulikzylinders müssen überprüft werden. Eine gleichmäßige Kolbenbewegung und eine ausreichende Dämpfung sind sicherzustellen.

Abb. 6: Elektromotor mit Hydraulikpumpe

Hydroventile kontrollieren

Die Kontrolle umfasst folgende Arbeiten:

- Befestigungen und Leitungsanschlüsse überprüfen.

- Dichtheit des Ventils kontrollieren.

- Vorhandene Plomben, Typenschilder und elektrische Anschlüsse überprüfen.

Außerdem sind die Ventilgeräusche und die Temperatur zu bewerten.

Instandsetzung

Anlass für eine Instandsetzung können festgestellte Mängel infolge einer Inspektion oder plötzlich aufgetretene Störungen sein.

Bauteile austauschen

Hierbei fallen Tätigkeiten an, die bei fast jedem Bauteilwechsel stattfinden.

Zum Beispiel wurde bei einer täglichen Kontrolle festgestellt, dass ein Zylinder Öl verliert. Ein gleicher Zylinder ist vorrätig und die Instandsetzung benötigt nicht viel Zeit. Mit der Behebung des Fehlers kann gleich begonnen werden. Ein Produktionsausfall ist nicht zu erwarten.

Defekten Zylinder wechseln

Für den Austausch des Zylinders sind folgende Arbeitsschritte notwendig:

- Anlage spannungs- und drucklos schalten.
- Hydraulikleitungen losschrauben und verschließen, damit kein Schmutz in das System eindringen kann.
- Zylinder ausbauen und die Hydraulikflüssigkeit durch Betätigen mit der Hand vollständig ablassen.
- Anschlüsse des defekten Zylinders verschließen.
- Hydraulikanschlüsse des Ersatzzylinders auf Beschädigungen untersuchen.
- Ersatzzylinder ausrichten und befestigen.
- Endlagendämpfung kontrollieren und einstellen.
- Hydraulikschläuche anschließen, die Anschlüsse dabei nicht verwechseln. Die Schläuche müssen fest verschraubt sein, um eine Leckage zu vermeiden.
- Zylinder entlüften und mit Druck beaufschlagen.
- Ausgelaufenes Öl aufwischen.
- Funktionsprüfung mehrmals wiederholen.
- Fertigmeldung durch den Monteur.

Druckmessung

Bei einer Störung ist die Fehlerursache nicht bekannt. Es muss eine Fehlersuche durchgeführt werden. Eine Möglichkeit stellt die Druckmessung dar. Um wichtige Druckmessergebnisse zu erhalten sind an der Hydraulikanlage Messanschlüsse installiert (Abb. 1). An diesen Messstellen können Druckmessgeräte aufgeschraubt werden um den jeweiligen Druck zu messen (Abb. 2).

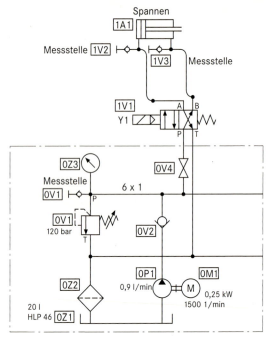

Abb. 1: Hydraulikplan mit Messanschlüssen

Um Stillstandszeiten zu senken muss bei der Fehlersuche systematisch vorgegangen werden. Hierbei kann ein Ablaufdiagramm nach DIN 66001 zur Veranschaulichung eines Lösungsweges hilfreich sein (Abb. 3).

Zum Überprüfen der Pumpe und des Hydraulikaggregates wird der Absperrhahn 0V4 geschlossen. Der sich einstellende Druck wird am Überdruckmesser 0V3 abgelesen.

Abb. 2: Aufschraubbares, digitales Manometer

Der abgelesene Wert von 120 bar und alle nachfolgenden Messergebnisse werden zur Dokumentation und Auswertung in eine Tabelle eingetragen (Tab. 1).

Für die nachfolgenden Prüfungen wird der Absperrhahn 0V4 geöffnet. Als Nächstes lässt man den Kolben ausfahren und trägt die angezeigten Werte der installierten Überdruckmesser in die Tabelle ein (Tab. 1).

In der vorderen Endlage des Zylinders muss an den Messstellen 0V3 und 1V2 der Maximaldruck von 120 bar anliegen. An der Messstelle 1V3 sollte kein Druck angezeigt werden.

Hydraulische Einheiten / hydraulic units

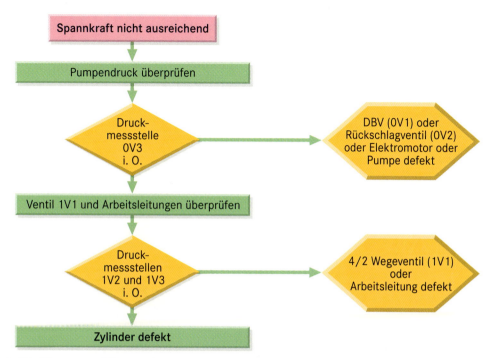

Abb. 3: Ablaufdiagramm zur Störungssuche

An den Messstellen werden folgende Drücke angezeigt:

- 0V3 → 120 bar,
- 1V2 → 116,5 bar,
- 1V3 → 3,5 bar.

Für die nächste Auswertung lässt man den Hydraulikkolben wieder einfahren. Im eingefahrenen Zustand muss an den Messstellen 0V3 und 1V3 der maximale Druck von 120 bar angezeigt werden. Am Überdruckmesser 1V2 sollte kein Druck angezeigt werden. Folgende Drücke sind an den Messstellen vorhanden:

- 0V3 → 120 bar,
- 1V2 → 3,5 bar,
- 1V3 → 116,5 bar.

Sind alle Messergebnisse in die Tabelle eingetragen, erfolgt die Auswertung. Die ermittelten Ist-Werte werden mit den Soll-Werten verglichen.

Wie Tabelle 1 zeigt, besteht eine Druckdifferenz für den ausgefahrenen Zylinder an den Messstellen 1V2 und 1V3.

Ebenso ist eine Abweichung von den Soll-Werten für den eingefahrenen Hydraulikzylinder an 1V2 und 1V3 zu verzeichnen.

Die angezeigten Druckdifferenzen weisen auf eine Undichtheit des Kolbens hin.

Zur Fehlerbeseitigung muss der Hydraulikzylinder gegen einen neuen oder überholten Zylinder ausgetauscht werden.

Für eine Reparatur werden von vielen Herstellern Reparatursets oder Ersatzteile angeboten.

Tab. 1: Auswertung der Messergebnisse

Auswertung Bezeichnung	Messstelle – Druckangaben in bar					
	0V3		1V2		1V3	
	Soll	Ist	Soll	Ist	Soll	Ist
Absperrventil 0V4 geschlossen	120,0	120,0	0,0	0,0	0,0	0,0
vordere Endlage	120,0	120,0	120,0	116,5	0,0	3,5
hintere Endlage	120,0	120,0	0,0	3,5	120,0	116,5

Aufgaben

1. Wie wirkt sich eine defekte Pumpe auf die Messwerte aus?

2. Wie können Sie mit Hilfe der installierten Überdruckanzeiger den inneren Widerstand des Hydraulikzylinders ermitteln?

5.2 Pneumatische Einheiten

Aufbau/Funktion

Den Aufbau und die Funktion der Pneumatikanlage für die Vereinzeler zeigt der pneumatische Schaltplan (Abb. 1). Die zentral erzeugte Druckluft wird in der Aufbereitungseinheit (0Z1) auf den Arbeitsdruck eingestellt. Über 3/2-Wegeventile (1V1, 2V1) werden die Zylinder (1A1, 2A1) der Vereinzeler angesteuert.

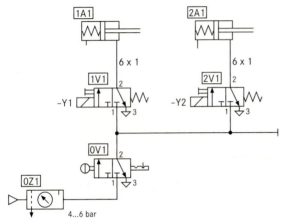

Abb. 1: Pneumatischer Schaltplan

Aufbereitungseinheit kontrollieren

- Aufbereitungseinheit reinigen,
- Filterpatrone reinigen oder wechseln,
- Kondensat ablassen,
- automatische Kondensatabscheidung kontrollieren,
- Öl im Druckluftöler ergänzen.

Schlauchleitungen und Bauelemente prüfen

Hierbei sind folgende Prüfungen durchzuführen:

- Schlauchleitungen auf Beschädigungen wie Knicke, Risse Porosität oder eingedrückte Metallspäne untersuchen,
- Schlauchbefestigungen wie Klemmleisten und Schlauchbinder auf festen Sitz kontrollieren,
- Schlauchverbindungen auf richtigen Sitz und Dichtheit prüfen,
- Kolbenstangen auf Verschleißerscheinungen untersuchen, dies können Längsriefen und festhaftende Partikel der Stangendichtung sein,
- Laufruhe des Zylinders kontrollieren (Stick-Slip Effekt),
- Zylinderbefestigungen auf festen Sitz und Korrosion überprüfen,
- Ventile auf Leckverluste kontrollieren,
- Handbetätigung der Ventile kontrollieren.

Instandsetzen

Bei der Inspektion entdeckte Fehler gilt es zu beseitigen. Dazu werden bei druckloser Anlage z. B.:

- Fehlerhafte Schlauchleitungen erneuert,
- Lose Verschraubungen nachgezogen oder ersetzt,
- Defekte Rohrleitungen repariert oder erneuert,
- Verbindungen und Dichtungen ausgetauscht,
- Bauelemente wie Ventile oder Pneumatikzylinder ausgetauscht oder repariert.

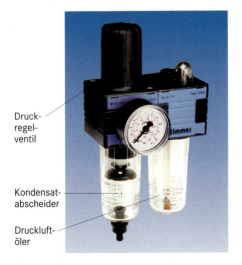

Abb. 2: Aufbereitungseinheit

Zusammenfassung / summary

```
                    Instandhaltungsmaßnahmen
                    ┌───────────┴───────────┐
            Hydraulische Einheiten    Pneumatische Einheiten
```

Hydraulische Einheiten

Wartung
- Reinigen der Hydraulikanlage
- Hydrauliköl wechseln
- Hydrauliköl ergänzen
- Hydraulikfilter reinigen oder wechseln

Inspektion
- tägliche Kontrollen
  - äußere Leckagen
  - Verschmutzung
  - Geräusche
  - Beschädigungen
  - Ölstand
  - Öltemperatur
  - Ölfilter Verschmutzungsanzeige
  - Spanndruck Werkzeug
  - Spanndruck Werkstück
- Verschraubungen, Rohr- und Schlauchleitungen
- Hydrauliköl
  - Zustand (Ölprobe)
- Einstellwerte
  - Druckventil
- Pumpen
- Ventile

Pneumatische Einheiten

Wartung
- Reinigung der Aufbereitungseinheit bestehend aus:
  - Filter
  - Druckreduzierventil
  - Öler
- Wechseln der Filterpatrone
- Ergänzen des Öls im Öler

Inspektion
- Kontrolle der:
  - Schlauchleitungen
  - Zylinder
  - Ventile

Instandsetzung
- Fehlerhafte Schlauchleitungen erneuern.
- Lose Verschraubungen nachziehen oder erneuern.
- Verbindungen und Dichtungen erneuern.
- Bauelemente wie z. B. Ventile und Zylinder auswechseln oder reparieren.

> Zu jedem Zeitpunkt sind die geltenden Unfall-Verhütungs-Vorschriften zu beachten. Für die Entsorgung von Altöl und ölverschmutzten Gegenständen sind die geltenden Vorschriften zu beachten!

Aufgaben

1. Worauf müssen Sie beim Arbeiten an hydraulischen Anlagen achten?

2. Welche Tätigkeiten umfasst die Wartung einer Hydraulikanlage?

3. Sie sollen an einem Hydraulikaggregat einen Ölwechsel durchführen. Nennen Sie die notwendigen Arbeitsschritte.

4. Beschreiben Sie den Wechsel eines Hydraulikfilters.

5. Welche Inspektionstätigkeiten werden bei einer Kurzinspektion durchgeführt?

6. Welche Mängel können an Hydraulikschläuchen auftreten?

7. Welche Kontrollen sind an einem Hydraulikzylinder durchzuführen?

8. Wozu dienen Messanschlüsse innerhalb einer Hydraulikanlage?

9. Welche Wartungstätigkeiten werden an einer Pneumatikanlage durchgeführt?

10. Beschreiben Sie die Inspektion einer Pneumatikanlage?

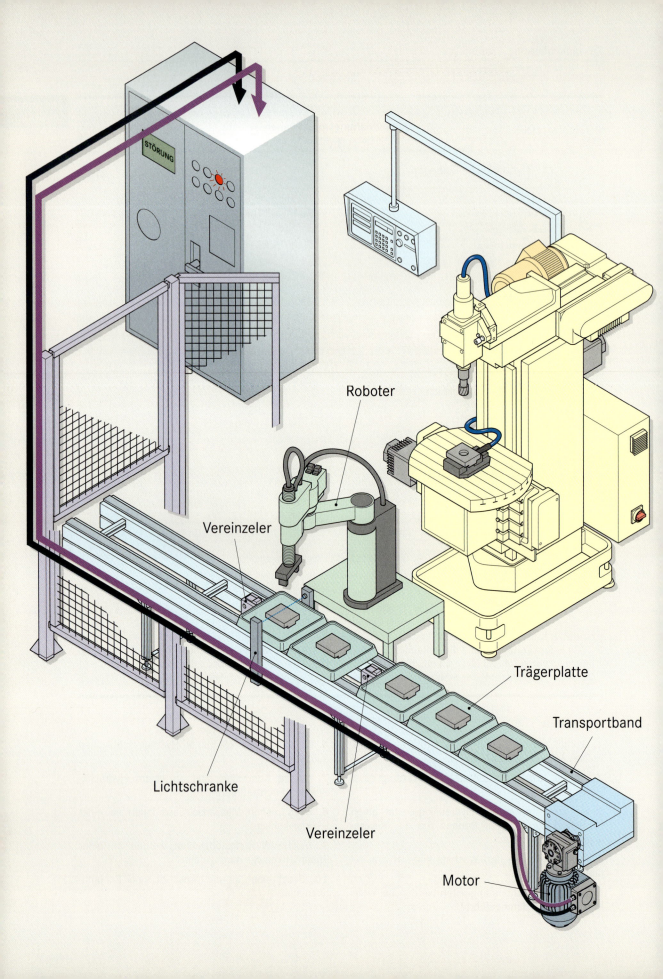

Instandhalten der Bearbeitungsstation

Die Bearbeitungsstation besteht aus mehreren Teilsystemen. Jedes Teilsystem hat verschiedene Eigenschaften, die bei den Instandhaltungsabläufen berücksichtigt werden müssen:

- Abnutzungsverhalten
- Reparaturfreundlichkeit
- Ersatzteilverfügbarkeit
- u. v. m.

Aus diesen Eigenschaften und den betrieblichen Anforderungen (z. B. max. zulässige Ausfallzeit) lassen sich verschiedene Instandhaltungsstrategien zuordnen (siehe Kapitel 2). An der Bearbeitungsstation sind dies die

- ereignisorientierte,
- zustandsabhängige und
- intervallabhängige Instandhaltung.

Je nach gewählter Instandhaltungsstrategie sind in der Praxis unterschiedliche Arbeitsabläufe und Prozesse erforderlich.

6.1 Ereignisorientiertes Instandhalten

Bei der ereignisorientierten Instandhaltung werden erst dann Maßnahmen erforderlich, wenn eine Komponente ihre Abnutzungsgrenze erreicht hat. Dies wird in der Regel durch eine Störung des Prozesses erkannt.

An der Bearbeitungsstation stoppt plötzlich der automatische Bearbeitungsablauf. Der Anlagenführer unterzieht die Anlage einer Sichtkontrolle, um festzustellen, ob er das aufgetretene Problem selbst lösen kann.

Dabei stellt er fest, dass sich vor dem Schwenkarmroboter auf dem Transportband unbearbeitete Rohteile angestaut haben. Der Bandmotor läuft und der Vereinzeler vor dem Roboter steht in Sperrstellung. Weiterhin erkennt er am Steuerschrank eine anstehende Störmeldung des Transportbandes. Da er selbst die Fehlerursache nicht erkennt, fordert er eine Fachkraft an.

Der mit der Anlage vertraute Instandhalter analysiert zunächst deren IST-Zustand. Hierbei erkennt er, dass sich sowohl der Roboter als auch die Fräsmaschine in Grundstellung befinden und auf das Einfahren einer neuen Trägerplatte warten.

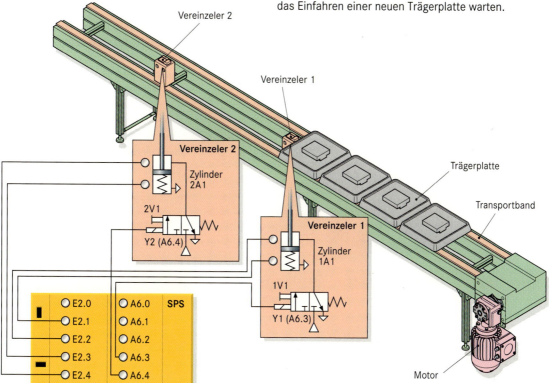

Abb. 1: Funktionsstruktur und Technologieschema des Transportbandes

Gleichzeitig stauen sich viele Trägerplatten vor dem ersten Vereinzeler. Daraus schließt er, dass die Störung im Zusammenhang mit dem Transportband bzw. dem Vereinzeler steht.

Um die Fehlersuche möglichst effektiv zu gestalten, ist ein systematisches Vorgehen unerlässlich. Dies beinhaltet einerseits die Kenntnis über die Funktionsstruktur des Teilsystems. Andererseits sind die einzelnen Schnittstellen zwischen den Funktionseinheiten zu ermitteln (S. 79, Abb. 1). Dazu werden die vorhandenen technischen Unterlagen verwendet.

Funktionsstruktur

Hierzu wird das Transportband in die folgenden Funktionseinheiten zerlegt:

- Antriebseinheit
- Arbeitseinheit
- Stütz- und Trageinheit
- Energieübertragungseinheit
- Steuerungseinheit
- Versorgungseinheit

Zwischen den einzelnen Funktionseinheiten sind die entsprechenden Schnittstellen zu ermitteln und darzustellen.

Schnittstellen

Eine Schnittstelle (Systemgrenze) befindet sich immer am Übergang unterschiedlicher Funktionseinheiten. Für jede Schnittstelle lässt sich die Funktion beschreiben. Weiterhin gehört zu jeder Schnittstelle eine physikalische Größe (Tab. 1). Da sich die Trägerplatten am Vereinzeler stauen, ist es naheliegend, dort mit der Fehlersuche zu beginnen.

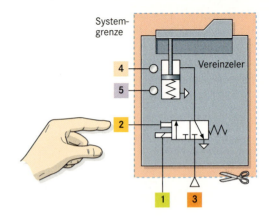

Abb. 1: Funktionsstruktur und Schnittstellen des Vereinzelers

Dazu müssen die Schnittstellen des Vereinzelers definiert werden.

Schnittstellendefinition (Abb. 1):

1 Die Auslösespule des Ventils ist über eine zweiadrige Leitung mit der Steuerung verbunden. Wenn die Spule nicht betätigt ist (Vereinzeler ausgefahren), liegt eine Spannung von 0 V zwischen den beiden Leitern. Bei betätigter Spule (Vereinzeler eingefahren) liegt hier eine Spannung von U = 24 V DC an.

2 Das Ventil kann ebenfalls durch Handbetätigung geschaltet werden, wozu eine Kraft erforderlich ist.

3 Wenn das Ventil betätigt ist, wird mit Hilfe des Luftdruckes der Vereinzeler eingefahren.

Tab. 1: Schnittstellen

Funktionseinheit A	Funktionseinheit B	Schnittstelle	physikalische Größe	geprüft	Bemerkung
Getriebemotor (Antriebseinheit)	Transportband (Arbeitseinheit)	Welle (Kraftübertragungseinheit)	Drehmoment		
	Steuerung	Profibusanschluss am Frequenzumrichter	Spannung (Datenwort)		
	elektrische Energieversorgung	Netzanschluss am Frequenzumrichter	Spannung		
	Stütz- und Trageinheit	Befestigungsschrauben	Kraft		
Vereinzeler 1	Steuerung Ausgang A6.3	Anschluss Ventilspule	Spannung		
	Mensch	Hand-Betätigungsknopf	Kraft		
	pneumatische Energieversorgung	Druckluftanschluss	Druck		
	Steuerung Eingang E2.2	Anschluss oberer Näherungsschalter	Spannung		
	Steuerung Eingang E2.1	Anschluss unterer Näherungsschalter	Spannung		
usw.	usw.	usw.	usw.		

Ereignisorientiertes Instandhalten / event driven maintenance

4 Der ausgefahrene Zustand des Vereinzelers wird über den berührungslosen Näherungsschalter B1 an die Steuerung übertragen, der eine Gleichspannung von 24 V an den Eingang der SPS legt.

5 Gleiches gilt für die Überwachung des eingefahrenen Zustandes.

Anhand der Schnittstellendefinitionen lassen sich im folgenden Fehlersuchablauf alle Schnittstellen auf ihre Funktionsfähigkeit überprüfen.

Systematische Fehlersuche

Für die Fehlersuche und Überprüfung der Schnittstellen sind Messungen erforderlich. Das Ergebnis der Messungen wird in die Schnittstellentabelle eingetragen. Nach Abschluss der Instandsetzung wird diese mit dem Instandsetzungsbericht der Anlagendokumentation hinzugefügt.

Im vorliegenden Fall darf die abgesperrte Anlage nur betreten werden, wenn diese zuvor stillgesetzt wurde. Hiermit werden ein unkontrollierter Anlauf und damit eine Personengefährdung vermieden. Da hierfür der Gang zum Steuerschrank erforderlich ist, bietet es sich an, dort mit der Überprüfung der Schnittstellen zu beginnen. Dies entspricht der Vorwärtsstrategie für Fehlersuchen (Grundlagen).

Anlage sichern

Am Steuerschrank wird nun die Energiezufuhr für die einzelnen Antriebe unterbrochen und gegen Wiedereinschalten gesichert (siehe S. 57). Um die Schnittstellen prüfen zu können, wird die Steuerspannung für SPS, Sensoren und Kleinspannungsaktoren nicht abgeschaltet.

Grundlagen

Fehlersuchstrategien

Prinzipiell lassen sich zwei Strategien nach ihrer Suchrichtung unterscheiden.

1. Vorwärtsstrategie

Es wird von übergeordneten Systemen zum fehlerhaften Teilsystem gesucht.
(Suche von Steuerung in Richtung Vereinzeler)

2. Rückwärtsstrategie

Es wird vom fehlerhaften Teilsystem zu übergeordneten Systemen gesucht.
(Suche von Vereinzeler in Richtung Steuerung)

Vorwärtsstrategie: Suche in Richtung Fehlfunktion
Rückwärtsstrategie: Suche von der Fehlfunktion weg

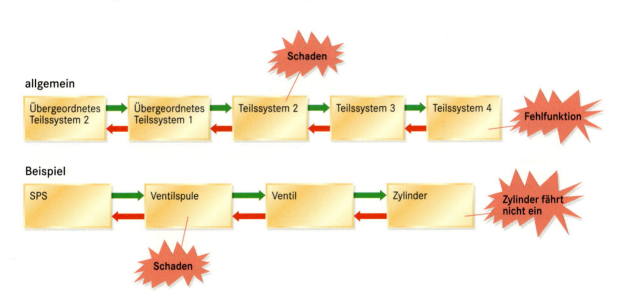

Die Suche lässt sich mit Hilfe von Fehlerbäumen bzw. Ereignis-Ablauf-Analysen (EAA) strukturieren. Je nach gewählter Suchstrategie wird der Fehlerbaum in unterschiedlicher Richtung abgearbeitet.

Schnittstellensignale prüfen

Die einzelnen Schnittstellen zwischen den Komponenten werden nun gemäß einer Ereignis-Ablauf-Analyse (EAA) nacheinander überprüft (Abb. 1).

Zuerst wird festgestellt, welchen Zustand die SPS am Ausgang hat. Sie zeigt durch eine LED an, dass der Ausgang für den Vereinzeler aktiv ist. Da diese Information der Vorgabe entspricht, wird anschließend die Spannung am SPS-Ausgang gemessen, um zu überprüfen, ob der angezeigte Zustand auch am Ausgang vorliegt. Es wird eine Spannung von $U = 24$ V DC gemessen. Dieser Wert entspricht den Vorgaben.

Die nächste zu prüfende Schnittstelle ist der Anschluss der Steuerleitung an der Auslösespule des Ventils. Auch hier wird die gleiche Spannung wie am SPS-Ausgang gemessen, wodurch ein Fehler auf der Steuerleitung ausgeschlossen werden kann.

Da die Verbindung von der Steuerung zum Vereinzeler in Ordnung ist, wird die nächste Schnittstelle getestet. Dies ist hier der Anschluss der Druckluftversorgung. Dazu wird das Ventil von Hand betätigt. Da sich der Vereinzeler nun senkt, ist sichergestellt, dass die Druckluftversorgung, das Ventil und die Mechanik des Vereinzelers korrekt funktionieren.

Nachdem nun alle in Frage kommenden Schnittstellen geprüft wurden und diese keine Auffälligkeiten zeigen, muss die Spule des Ventils im Vereinzeler defekt sein.

Fehlerbehebung

Instandsetzung

Nachdem die Fehlerquelle gefunden wurde, kann die Instandsetzung beginnen. Der Vereinzeler bildet eine Einheit und wird somit komplett ausgetauscht.

Als Schnittstellen nach außen bestehen die mechanische Verbindung, sowie der elektrische und pneumatische Anschluss. Vor Beginn der Demontage sind Steuerspannung und Druckluftzufuhr abzuschalten.

Anschließend können die elektrischen und pneumatischen Leitungen sowie die Befestigung an den Stütz- und Trageinheiten gelöst werden. Der Einbau des neuen Vereinzelers erfolgt in umgekehrter Reihenfolge zur Demontage.

Wiederinbetriebnahme

Mit Hilfe der Steuerung kann die Funktion des Vereinzelers getestet werden.

Nach erfolgreichem Test sind an der Montagestelle alle Bauteile, Werkzeuge etc. zu entfernen. Sofern sich keine Person mehr im Gefahrenbereich der Anlage befindet, wird die Absperrung geschlossen und am Schaltschrank die Energiezufuhr für die elektrischen Antriebe wieder hergestellt. Abschließend kann die Störungsmeldung an der Steuerung quittiert werden und die Anlage nimmt ihren ordnungsgemäßen Betrieb wieder auf.

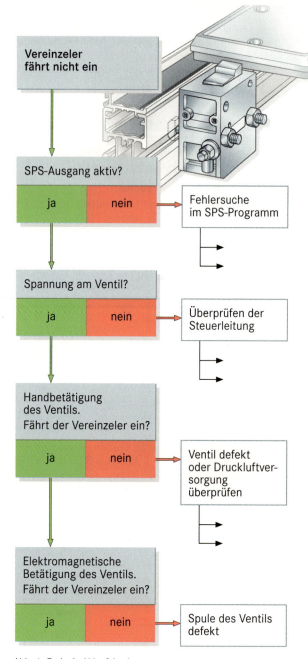

Abb. 1: Ereignis-Ablauf-Analyse

Ereignisorientiertes Instandhalten / event driven maintenance

Dokumentation in Störungskarte

Der Instandsetzungsprozess ist erst abgeschlossen, wenn die durchgeführten Arbeiten und gewonnenen Erfahrungen ausreichend dokumentiert wurden. Hierzu gibt es betriebsspezifische Störungskarten, in denen die geforderten Informationen aufgelistet sind und eingetragen werden können (Abb. 2).

Wichtige Informationen sind:
- Datum, Uhrzeit,
- Fehlereintritts-Zeitpunkt,
- Stillstandsdauer,
- Störung,
- Ursache,
- Fehlerart,
- beteiligte Personen,
- durchgeführte Maßnahme,
- benötigte Ersatzteile.

Um nicht alle Informationen ausführlich eintragen zu müssen, können vorgegebene Abkürzungen verwendet werden. Dies kann wie in Abb. 2, z. B. der Fehlerindex sein. Dieser Fehlerindex bietet einen ersten Ansatz für das Lokalisieren der Fehlerquelle.

Diese Informationen werden mit Hilfe von Instandhaltungssoftware ausgewertet. Weicht das Verhalten der Anlage wiederholt von den bisher getroffenen Annahmen und Erfahrungen ab, sollte die Instandhaltungsstrategie angepasst werden.

MASCHINENSTÖRUNGSLISTE: Bearbeitungsstation

Lfd.-Nr.	Datum Uhrzeit	Störung	Ursache	Fehlerindex	behoben durch	Maßnahme
1	06.03.2002 10.45	Spannzylinder fährt nicht aus	Druckbegrenzungsventil defekt	H	H. Kaese (Instandhaltung)	Ventil gewechselt, Maschinenbediener H. Decker unterwiesen
2	07.03.2002 16.46	Fräser ausgebrochen	Fräser ausgeglüht	M	H. Decker (Bediener)	Fräser ausgetauscht
3	07.03.2002 22.50	Spannzylinder fährt aus, obwohl kein Werkstück bereitliegt	Sensor Werkstückabfrage verschmutzt	E	H. Dzieia (Instandhaltung)	Sensor gereinigt
4	08.03.2002 9.30	Fräser ausgebrochen	Fräser ausgeglüht	M	H. Decker (Bediener)	Fräser ausgetauscht
5	08.03.2002 13.40	QS: Kreistasche nicht in Toleranz und mit vorgeschriebener Rautiefe	Fräser stumpf	M	H. Decker (Bediener)	Fräser ausgetauscht
6	08.03.2002 14.41	Fräser ausgebrochen	Drossel für Kühlwasserzufuhr verstellt	B	H. Kirschberg (Instandhaltung)	Drossel neu eingestellt. Maschinenbediener und Vorgesetzten unterwiesen
7	09.03.2002 20.40	Greifzylinder fährt nicht aus	Zuluftschlauch geknickt	P	H. Kaese (Instandhaltung)	Schlauch gewechselt
8	12.03.2002 10.50	Vereinzeler 2 fährt ein, obwohl kein Werkstück bereitliegt	Lichtschranke, Werkstückabfrage dejustiert	M	H. Schmid (Instandhaltung)	Lichtschranke justiert
9	20.03.2002 10.00	Anlage bleibt plötzlich stehen	Leitungsbruch bei AUS-Schalter	E	H. Jagla (Instandhaltung)	Leitung ausgetauscht
10	03.04.2002 10.52	Geräuschentwicklung Antrieb Transportband	Lager Umlenkstation defekt	W	H. Seefelder (Instandhaltung)	Lager ausgetauscht
11	12.04.2002 10.53	Anlage lässt sich nicht starten	Druckabfall in Pneumatik, Wartungseinheit verschmutzt	P	H. Kaese (Instandhaltung)	Wartungseinheit gereinigt, Leitungssystem überprüft
12	05.05.2002 11.33	Anlage steht, Trägerplattenstau, Vereinzeler 1				

Fehlerindex: A = Arbeitsergebnis falsch   H = Hydraulischer Fehler
              M = Mechanischer Fehler   P = Pneumatischer Fehler
              E = Elektrischer Fehler   B = Bedienerfehler

Abb. 2: Störungskarte

Ereignisorientiertes Instandhalten / event driven maintenance

Arbeitsablauf bei einer Instandhaltung

- Störfallmeldung
- Überblick anhand technischer Unterlagen verschaffen
- IST-Zustand der Anlage analysieren
- Fehler eingrenzen (Funktionsstruktur, Schnittstellen)
- Fehlersuchstrategie festlegen
- Fehler suchen (Ereignis-Ablauf-Analyse)
- Fehler beheben
- Anlage wieder in Betrieb nehmen
- Instandsetzungsmaßnahmen dokumentieren (Störungskarte/Maschinenkarte)
- Anlage an Betrieb übergeben
- Störungsdokumentation auswerten

Aufgaben

1. Sie werden wegen einer Störung an die Bearbeitungsstation gerufen. Das Transportband steht, es ist eine Transportschale auf dem Band und die Meldeleuchte „Transportband gestört" blinkt. Wie gehen Sie bei der Fehlersuche vor?

2. Erläutern Sie unterschiedliche Fehlersuchstrategien.

3. Nennen Sie die Schnittstellen einer Lichtschranke und deren physikalische Größe.

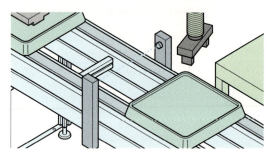

4. Welche Angaben gehören in die Störungsdokumentation?

Questions

5. A fault has occured at the milling machine. The treated production part can not be removed anymore as the clamping jaws can not be opened. No error messages are displayed at the control board. How do you proceed?

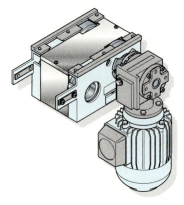

6. Determine the interfaces of a drive unit and its physical units.

7. Describe the backward strategy.

8. Explain the term "state driven maintenance".

Zustandsabhängiges Instandhalten / state driven maintenance 85

6.2 Zustandsabhängiges Instandhalten

Einige Baugruppen der Fräsmaschine wurden aufgrund langer Reparaturzeiten, komplexer Fehlersuche und ihres direkten Einflusses auf die Produktqualität in die zustandsabhängige Instandhaltung eingestuft. Dies betrifft Messsysteme, Wellen und Lager. Diese Komponenten beeinflussen maßgeblich die Präzision der Fräsmaschine.

An der Fräsmaschine können bezüglich der Zustandsbewertung zwei Hauptkriterien herangezogen werden. Dies ist zum einen die Produktqualität, welche ständigen Qualitätskontrollen unterliegt. Zum anderen kann der Anlagenzustand durch Inspektion oder Meldungen der Überwachungstechnik überwacht werden. Treten Mängel am Produkt oder an der Anlage auf, werden Instandsetzungsmaßnahmen eingeleitet.

6.2 State driven maintenance

Some of the milling machine's structural components have been classified for state driven maintenance as a result of their long repair times, complex error detection and their direct influence on product quality. This mainly concerns measuring systems, axles and bearings. These components have a determinative influence on the precision of the milling machine.

Two main criteria can be used to assess the state of a milling machine. The first one is the product quality which is continuously monitored by quality controls. The second possibility is to control the state of the plant by inspection or messages from the monitoring systems. In case of a faulty product or defects of the plant maintenance measures will be initiated.

Qualitätsregelkarte   Bearbeitungsstation

Datum	Stichprobe	Messwert					Stichproben-Mittelwert	Standard Abweichung
		1	2	3	4	5		
12. 05. 04	1	29,966	29,996	29,972	29,984	29,990	29,9816	0,0128
14. 04. 04	2	29,984	29,990	30,014	29,976	30,008	29,9948	0,0155
16. 05. 04	3	29,984	29,990	29,978	29,972	29,978	29,9804	0,0088
18. 05. 04	4	30,026	29,972	30,008	29,996	29,972	29,9948	0,0234
20. 05. 04	5	29,996	30,014	30,008	30,014	29,984	30,0032	0,0130
22. 05. 04	6	30,002	30,044	30,020	30,044	30,008	30,0236	0,0197
23. 05. 04	7	29,996	30,002	30,020	30,014	30,008	30,0080	0,0095
24. 05. 04	8	29,996	30,026	30,008	29,930	30,026	29,9972	0,0387
25. 05. 04	9	30,026	29,966	29,960	29,996	29,996	29,9948	0,0234
26. 05. 04	10	30,026	30,032	30,038	30,020	30,040	30,0312	0,0083

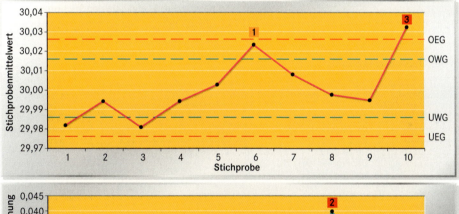
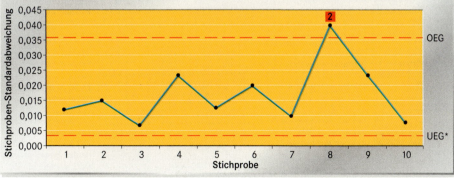

EG: Eingriffsgrenze

OEG: obere Eingriffsgrenze
OWG: obere Warngrenze

UEG: untere Eingriffsgrenze
UWG: untere Warngrenze

*) Bei Stichprobenumfang mit $n < 6$ ist die UEG = 0

Abb. 1: Stichprobenwerte und Qualitätsregelkarte

Zustandsabhängiges Instandhalten / state driven maintenance

1. Produktqualität
Zur Überwachung der Produktqualität werden von den bearbeiteten Werkstücken regelmäßig Stichproben (z. B. 5 Stück) genommen. Diese werden einer Qualitätsprüfung (z. B. Kontrolle der Maße) unterzogen. Die Ergebnisse sind in die Qualitätsregelkarte einzutragen (S. 85, Abb. 1). Aus den einzelnen Messungen werden Mittelwerte und Standardabweichungen berechnet und grafisch dargestellt. Bei einer automatisierten Prüfung erfolgen die Messungen, Eintragungen und Auswertungen automatisch.

1. product quality
In order to monitor the product quality, random samples of the worked parts (e.g. 5 pieces) are taken periodically. These samples have to undergo a quality control (e.g. measuring of dimensions). The results are entered in a quality control sheet and the mean values and standard deviations of the different tests are calculated and displayed graphically. In case of automated testing all entries in the sheets and the evaluation of the test data are performed automatically.

Grundlagen

Formeln:

Arithmetischer Mittelwert
Der Durchschnitt aller erfassten Einzelwerte einer Stichprobe wird als arithmetischer Mittelwert bezeichnet.

$$\overline{x} = \frac{x_1 + x_2 + \ldots x_n}{n}$$

$\overline{x}$: Arithmetischer Mittelwert einer Stichprobe

$x_1, x_2, \ldots x_n$: Einzelwerte

n : Anzahl der Einzelwerte einer Stichprobe

Standardabweichungen
Das Maß für die Steuerung eines Prozesses wird als Standardabweichung bezeichnet.

$$s = \sqrt{\frac{1}{n-1} \cdot \sum_{i=1}^{n}(x_i - \overline{x})^2}$$

$$\overline{s} = \frac{s_1 + s_2 + \ldots s_k}{k}$$

s : Standardabweichung einer Stichprobe

$\overline{s}$: Mittelwert der Standardabweichungen

x_i : Wert des messbaren Merkmals, z. B. Einzelwert x_1

$\overline{x}$: Arithmetischer Mittelwert der Stichprobe

n : Anzahl der Messwerte der Stichprobe

k : Anzahl der Stichproben

Informationen der Qualitätsregelkarte

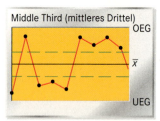

Prozess ist gestört.

Mehr als ein Drittel der Messwerte liegt nicht im mittleren Drittel um x. Der Prozess muss korrigiert werden.

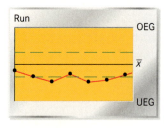

Prozess ist gestört.

Mehr als 6 Punkte liegen unterhalb des Mittelwertes $\overline{x}$. Sofort weitere Stichproben entnehmen, gegebenenfalls muss der Prozess sofort korrigiert werden.

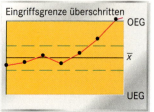

Prozess ist gestört.

Die Eingriffsgrenze OEG ist überschritten, der Prozess muss sofort korrigiert werden. Fehlerhafte Teile müssen aussortiert werden.

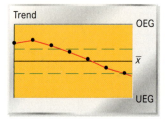

Prozess ist gestört.

Es ist zu erwarten, dass mehr als 6 Punkte unterhalb des Mittelwertes liegen. Der Prozess muss sofort korrigiert werden, da das Erreichen von UEG wahrscheinlich ist.

Die Mittelwerte sind ein Maß dafür, ob ein vorgeschriebener Wert bei der Produktion eingehalten wird (z. B. Länge des bearbeiteten Werkstückes). Weicht dieser zu stark vom Sollwert ab, ist es erforderlich, eine Maßnahme zu treffen.

Die Standardabweichung beschreibt, wie stark die einzelnen Messwerte vom Mittelwert abweichen. Streuen die Messwerte sehr stark, so ist dies ein Hinweis auf zu große Fertigungstoleranzen (OWG). Da jedes technische System gewisse Toleranzen aufweist, ist immer mit einer tolerierbaren minimalen Standardabweichung zu rechnen. Wird diese unterschritten, kann ein systematischer Fehler oder ein Fehler in der Messwerterfassung vermutet werden (UWG).

Die errechneten Mittelwerte und Standardabweichungen der Maße müssen sich innerhalb eines vorgegebenen Toleranzbandes befinden. Überschreiten diese die Warngrenze, so ist die Produktqualität noch ausreichend gut. Jedoch besteht die Gefahr, dass die geforderte Qualität nicht mehr erreicht wird. Es müssen dann häufiger Stichproben genommen werden. Überschreiten die Werte die Eingriffsgrenze, so ist die geforderte Produktqualität nicht mehr sichergestellt. Es wird hierdurch eine Instandhaltungsmaßnahme erforderlich.

Using the mean values it can be determined if the production parts comply with the specified values (e.g. length of the part). If the deviation from the nominal value exceeds certain limits corrective action has to be taken.

The standard deviation indicates the deviation of the different test results from the mean value. A wide dispersion of the different test results indicates that the manufacturing tolerances are too high (OWG). As every technical system contains certain tolerances a minimum tolerable value for the standard deviation will always occur. If the standard deviation drops below this natural limit it is likely that a systematic error or an error in the determination of the test values has occurred (UWG).

The calculated mean values and standard deviations of the different measurements have to stay within a specified range of tolerance. If they exceed these warning limits the product quality is still sufficiently good. However, there is a danger that the quality requirements can not be met. Therefore the frequency for the sample tests has to be increased. If the values exceed the engagement limit the required product quality can not be guaranteed anymore and maintenance measures are initiated.

2. Anlagenzustand

Zahlreiche Größen innerhalb der Fräsmaschine können automatisch erfasst und ausgewertet werden. Ein Anstieg des Motorstromes kann z. B. ein Hinweis auf erhöhte Reibung oder größere Lastmomente sein. Weitere überwachte Größen können Hydraulikdrücke oder Durchlaufzeiten sein. Für jede dieser Größen kann aufgrund der Schnittstellenspezifikation ein Grenzwert festgelegt werden. Wird dieser überschritten, kommt es zu einer Warnung oder zum Abschalten der Anlage.

Weiterhin werden die Ergebnisse der regelmäßigen Inspektionen (Wartungs-Inspektionsplan, Kap. 2) zur Zustandsbeurteilung herangezogen.

Diese Ergebnisse werden ähnlich wie bei der Qualitätsregelkarte dokumentiert und ausgewertet. Werden Eingriffsgrenzen überschritten, ist eine Instandsetzung durchzuführen.

2. Plant state

Many units inside the milling machine can be recorded and evaluated automatically. For example a rising motor current can be an indication for increased friction or a higher load momentum. Hydraulic pressures and transit times can be further units to be controlled. For each of these units a threshold can be set according to the interface specification. If this threshold is exceeded a warning will be issued or the plant will be stopped.

Furthermore the results of periodical inspections (Maintenance inspection plan, Chapter 2) will be used to judge the state of the plant.

Similar to the quality control sheet these results are documented and evaluated. If the engagement limits are exceeded maintenance has to be carried out.

In der Stichprobe Nr. 6 (S. 85, Abb. 1, ①) wird die Warngrenze durch den Stichprobenmittelwert überschritten. Daraufhin wird der Stichprobenzyklus von 2 Tagen auf einen Tag verkürzt. Dadurch soll festgestellt werden, ob es sich um einen Ausreißer oder einen Trend handelt. Die achte Stichprobe zeigt zwar einen Mittelwert innerhalb der Toleranz, jedoch weichen die einzelnen Werte stark voneinander ab. Dies ergibt die Überschreitung der Standardabweichungsgrenze (S. 85, Abb. 1, ②).

Aufgrund der stark schwankenden Messwerte hat der Maschinenführer die Justierung der Maschine kontrolliert und korrigiert. Er war der Meinung, dass hiermit der Fehler behoben sei.

Zwei Tage später wird die Eingriffsgrenze der Stichprobenmittelwerte überschritten (S. 85, Abb. 1, ③). Daraufhin wird der Instandhalter hinzugezogen. Dieser ermittelt den Fehler (Fehlersuche, Kap. 6.1) und behebt diesen. Anschließend werden die Arbeiten dokumentiert und ausgewertet.

Falls sich hieraus Erkenntnisse ergeben, die von den bisherigen Erfahrungen abweichen, können folgende Maßnahmen abgeleitet werden:

- Verbesserung,
- Änderung der Instandhaltungsstrategie oder
- Anpassung der Eingriffsgrenzen.

For random sample no. 6 (page 85, fig. 1, ①) the warning limit is exceeded by the mean value of the sample. As a result the cycle of the random sampling is reduced from 2 days to one day. By this means it shall be examined weather the test result is representative or an outlier. The eighth sample is indeed showing a mean value within the range of tolerance but the individual values are varying significantly. The limit for the standard deviation (page 85, fig. 1, ①) is exceeded. Because of the significant variation in the measurement results the operator has verified and adjusted the machine. To his opinion the fault was now corrected.

Two days later the engagement limit for the sample mean values is exceeded (page 85, fig. 1, ①). As a result the maintenance technician is consulted who is able to determine the fault (fault-detection, chapter 6.1) and correct it. Subsequently the jobs are documented and evaluated.

If this leads to new indications differing from the experience gained before the following measures can be derived:

- Improvement,
- Adaptation of the maintenance strategy or
- Adaptation of the engagement limits.

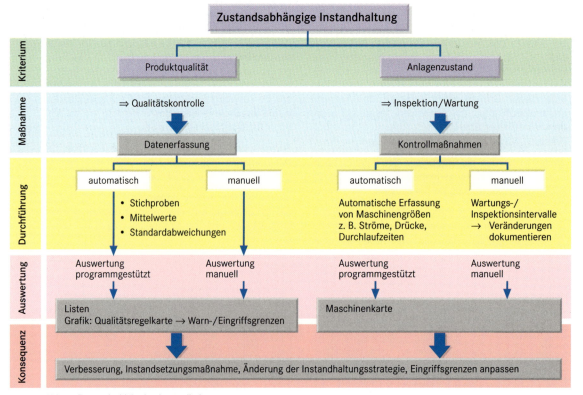

Abb. 1: Zustandsabhängige Instandhaltung

Intervallabhängiges Instandhalten / intervall based maintenance

6.3 Intervallabhängiges Instandhalten

Der Abnutzungsvorrat mancher Systeme steht in direktem Zusammenhang mit der Benutzungsdauer oder getätigten Bewegungszyklen. Dies ist beispielsweise beim Greifer des Schwenkarmroboters der Fall. Aufgrund langer Betriebserfahrungen ist bekannt, dass nach 50.000 getätigten Bewegungszyklen die Ausfallhäufigkeit dieses Bauteils stark ansteigt. Es ist daher im Sinne einer optimalen Betriebsführung den Greifer möglichst kurz vor einer Störung auszutauschen.

Die Anzahl der getätigten Bewegungszyklen wird automatisch von der Anlagensteuerung erfasst. Vom Instandhaltungspersonal wurde zuvor eine Warnschwelle festgesetzt. Wird diese Schwelle überschritten, erfolgt von der Steuerung eine Meldung. Daraufhin informiert der Maschinenführer das zuständige Instandhaltungspersonal.

Die Warnschwelle richtet sich nach der Lieferzeit der Ersatzteile (Bsp. 5 Arbeitstage) und der Häufigkeit der Bewegung (500 Zyklen/Tag). Diese Schwelle wird regelmäßig an die Produktionsbedingungen angepasst.

Ermittlung der Warnschwelle

1. Zeitdauer zwischen Ersatzteilbestellung und Lieferung feststellen
   (Lieferdauer z. B. 5 Tage).
   Momentane Bewegungszyklen pro Tag erfassen (z. B. 500 Zyklen/Tag).

2. Gangreserve berechnen
   Gangreserve = Lieferdauer · Zyklen/Tag
   Gangreserve = 5 Tage · 500 Zyklen/Tag
   Gangreserve = 2500 Zyklen

3. Warnschwelle berechnen
   Warnschwelle = Wartungsintervall - Gangreserve
   Warnschwelle = 50.000   - 2500
   Warnschwelle = 47.500 Zyklen

4. Ermittelte Warnschwelle (47.500 Zyklen) in der Steuerung hinterlegen.

Nach Auftreten der Warnmeldung stehen nun 5 Tage zum Vorbereiten der Arbeiten zur Verfügung.

Hierzu zählen:

- Information des Betriebspersonals und der Produktionsleitung,
- überprüfen, ob zeitnah weitere Wartungs- und Inspektionsintervalle anstehen und diese mit einplanen,
- Zeit- und Personalplanung.

6.3 Intervall based maintaining

The wearability of some systems is directly related to their useful life or their effected movement cycles. For example this is the case for the grab of a swing arm robot. As a result of long operational experience it is known that the failure frequency is increasing rapidly after 50.000 effected movement cycles. To achieve an operational optimum the grab should be exchanged just shortly before the occurrence of a fault.

The number of effected movement cycles is automatically recorded by the plant's control system. The maintenance crew has pre-selected a warning threshold and a message report is issued by the control system if this threshold is exceeded. The operator will then inform the responsible maintenance crew.

The value for the warning threshold depends on the time of delivery for the spare parts (example 5 working days) and the frequency of movements (500 cycles / day). The value of this threshold is adapted to the production conditions on a regular basis.

Determination of the warning thereshold:

1. Determine the time difference between the order of the spare parts and their delivery (time of delivery, e.g. 5 days)
   Register the frequency of movements (e.g. 500 cycles/day)

2. Calculate the running reserve
   Running reserve = Time of delivery · cycles/day
   Running reserve = 5 days · 500 cycles/day
   Running reserve = 2500 cycles

3. Calculate the warning threshold
   Warning threshold = Maintenance Interval
                       − Running reserve
   Warning threshold = 50.000 cycles
                       − 2500 cycles
   Warning threshold = 47.500 cycles

4. Enter the determined warning threshold (47.500 cycles) in the control system.

After the occurrence of a warning message the responsible personnel has 5 days to prepare the tasks.

This includes:

- Information of the operational staff and the production supervision
- Verification if other maintenance/inspection intervals that have to be considered will occur in due time
- Planning of time and personnel

1. Vorbereitende Maßnahmen

Die benötigten Ersatzteile (z. B. Greifer) sind sofort zu bestellen, um eine rechtzeitige Lieferung zu gewährleisten. Für die Durchführung der Arbeiten wird ein günstiger Zeitpunkt ausgesucht, um die Stillstandszeit zu minimieren. Dies ist z. B. nachts oder am Wochenende der Fall. Werden gleichzeitig Tätigkeiten eines vorgezogenen Wartungs- und Inspektionsintervalles durchgeführt, sind die einzelnen Arbeiten vorher zu koordinieren. Dies erfordert wiederum die Bereitstellung von Personal zum gewählten Zeitpunkt.

Rechtzeitig vor Beginn der Arbeiten muss kontrolliert werden, ob das benötigte Material geliefert und das Instandhaltungspersonal eingeplant wurde. Weiterhin sollte man sich nochmals vergewissern, ob das vorgesehene Zeitfenster für die Arbeiten eingehalten werden kann.

2. Durchführung

Die Arbeiten werden entsprechend der Planung durchgeführt.

3. Funktionsprüfung

Nach Abschluss der Maßnahme werden alle wesentlichen Funktionen der Anlage überprüft.

4. Fertigmeldung

Nachdem die Arbeitsstelle geräumt wurde, wird die Anlage an den Betrieb übergeben. Dies erfolgt durch die Fertigmeldung des Instandhaltungspersonals.

5. Dokumentation

Alle durchgeführten Arbeiten werden schriftlich dokumentiert (z. B. Maschinen-Störkarte) und in EDV-Systemen erfasst (Abb. 1).

1. Preparatory measures

The spare parts needed have to be ordered immediately to guarantee an in time delivery. To minimize the shutdown period of the plant a favourable point of time for the replacement tasks has to be chosen as for example during the night or at the weekend. If the work related to an upcoming maintenance- or inspection interval is performed in parallel to the scheduled replacement the different tasks have to be co-ordinated in advance. This requires the disposition of personnel at the chosen point of time.

It has to be verified well in advance of the scheduled start of the replacement that all the parts needed have been delivered and that the maintenance crew will be available. It should also be checked if the time frame set for the repair works can still be met.

2. Execution of the replacement

The tasks are executed according to schedule.

3. Functional test

After finishing the replacement all relevant functions of the plant are tested.

4. Ready message

After clearing the site the plant is returned to operation by the ready message of the maintenance crew.

5. Documentation

All executed tasks are documented in writing (e.g. plant fault sheet) and recorded in computer systems (fig. 1).

6.4 Auswertung der Instandhaltungs-Dokumentation

In regelmäßigen Abständen werden die Instandhaltungsdokumentationen ausgewertet. Diese sollen Aufschluss geben, ob die gewählten Instandhaltungsstrategien, festgelegten Zyklen und Instandhaltungsplanungen für den Betrieb noch optimal sind. Weiterhin können Schwachstellen an den Anlagen festgestellt werden. Aus der Anlagendokumentation lässt sich eine Übersicht erstellen, zu welchem Zeitpunkt sich die Maschine im Status

- Normalbetrieb,
- Stillstand durch Instandhaltungsmaßnahme,
- Anlagenausfall,
- keine Betriebszeit

befunden hat. Die Ergebnisse lassen sich im Maschinenbericht grafisch darstellen und dienen zur Ermittlung statistischer Größen (Abb. 2) wie z. B. Verfügbarkeit und Anlagennutzungsgrad. Durch diese Größen können Rückschlüsse auf die Wirtschaftlichkeit der Anlage gezogen werden.

Im Beispiel ergeben sich für die Kalenderwoche 3 die folgenden Werte:

Verfügbarkeit:

= Betriebszeit / Zeit geplanter Betrieb

= 36 Std. / 45 Std. · 100%

= 80 %

Anlagennutzungsgrad:

= Normalbetrieb / Betrachtungszeit

= 36 Std. / 168 Std. · 100%

= 21 %

Diese Berechnungen dienen der betriebswirtschaftlichen Betrachtung.

 Verfügbarkeit und Anlagennutzungsgrad sind ein Maß für die Anlagenrentabilität. Diese beschreibt das Verhältnis zwischen Kosten der Anlage (Wert von Beschaffung, Betrieb, Instandhaltung) und Nutzen (Wert des produzierten Gutes).

KW 3			Tag						
Uhrzeit			Mo	Di	Mi	Do	Fr	Sa	So
0:00	bis	7:00	0	0	0	0	0	0	0
7:00	bis	8:00	B	B	B	B	B	IH	0
8:00	bis	9:00	B	B	B	B	B	IH	0
9:00	bis	10:00	B	X	B	B	B	IH	0
10:00	bis	11:00	B	X	B	B	B	IH	0
11:00	bis	12:00	B	X	B	B	B	IH	0
12:00	bis	13:00	0	0	0	0	0	0	0
13:00	bis	14:00	B	X	B	B	B	0	0
14:00	bis	15:00	B	B	B	B	B	0	0
15:00	bis	16:00	B	B	B	B	B	0	0
16:00	bis	0:00	0	0	0	0	0	0	0

B Normalbetrieb/Produktion
IH Stillstand wegen Instandhaltungsmaßnahme
X Anlagenausfall
0 keine Betriebszeit

Abb. 1: Dokumentierter Anlagenstatus

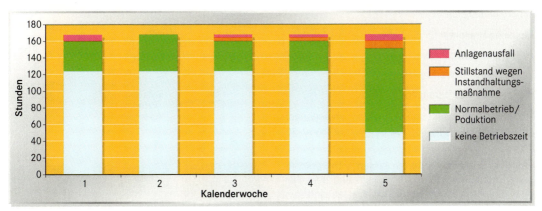

Abb. 2: Maschinenbericht

Fallen in einem Zeitraum ungewöhnlich hohe Ausfallzeiten an (z. B. KW 5), so sind die Rahmenbedingungen dieser Produktionswoche einer näheren Betrachtung zu unterziehen. Daraus lassen sich beispielsweise Rückschlüsse auf hohe Produktionszeiten oder Witterungseinflüsse (hohe Temperatur) ziehen.

Die Maschinenstörungsliste (S. 83, Abb. 2) lässt sich hinsichtlich der Häufigkeit einzelner Fehler auswerten (Tab. 1).

Tab. 1: Störungshäufigkeit aus Maschinenstörungsliste ermittelt

Fehler-index	Störungsursache	Häufigkeit/Quartal
M	Fräser	3
H	Spannzylinder	1
E	Sensor	1
B	Kühlwasserdrossel	1
P	Luftschlauch	1
M	Lichtschranke	1
E	Leitung (elektrisch)	1
W	Lager	1
P	Wartungseinheit (pneumatisch)	1

Im vorliegenden Fall fällt auf, dass der Fräser innerhalb von zwei Tagen dreimal ausgeglüht und dadurch ausgefallen ist. Da die Kühlwasserzufuhr zuverlässig funktioniert, kann ein Materialfehler, also eine Schwachstelle vorliegen. Die erreichte Verfügbarkeit entspricht nicht den Anforderungen und Erfahrungen. Es kann davon ausgegangen werden, dass eine Verbesserung technisch und wirtschaftlich möglich ist.

Mögliche Ursachen für die Schwachstelle:

- Lieferantenwechsel
- Wechsel des Werkzeugtyps
- Besondere Belastungen

Die Entscheidung für mögliche Maßnahmen nach Fehlereintritt werden nach einer Fehleranalyse getroffen (Abb. 1).

Aus den *Qualitätsregelkarten* lassen sich verschiedene Veränderungen an der Anlage und dem Fertigungsprozess erkennen. Die wichtigsten sind *Run*, *Trend* und *Middle Third* (siehe S. 86).

Beim Run liegen die Messwerte dauerhaft unterhalb des Sollwertes. Obwohl keine Eingriffsgrenzen verletzt wurden, ist dies ein Hinweis auf Veränderungen an der Anlage (z. B. verstellter Sollwert).

Der *Trend* gibt einen Hinweis darauf, dass sich die gemessenen Werte kontinuierlich verändern. Bei einem weiteren Verlauf des Trends kann auf eine baldige Verletzung der Eingriffsgrenzen geschlossen werden.

Üblicherweise liegen im mittleren Drittel zwischen den Eingriffsgrenzen immer zwei Drittel aller Messwerte (Middle Third). Ist diese Bedingung nicht erfüllt, ist der Fertigungsprozess gestört.

Überschreitungen der *Eingriffsgrenzen* führen zu Instandsetzungsmaßnahmen. Diese werden in der Maschinenstörungsliste dokumentiert und ausgewertet.

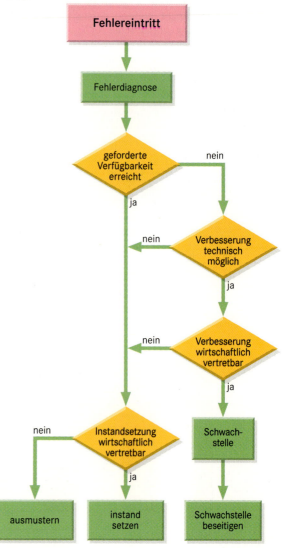

Abb. 1: Fehleranalyse

Auswertung der Instandhaltungs-Dokumentation / analysing the maintenance documentation

Der Dokumentation kommt in allen Phasen der Instandhaltung eine wichtige Bedeutung zu. Sie ist der Schnittpunkt zwischen unterschiedlichen Stufen der Instandhaltung. Die Fachkräfte sind für die Fehlersuche und Instandsetzung zuständig. Ohne die Dokumentation der Fehler wäre es nicht möglich, Hinweise zu bekommen, die eine Fehlervermeidung ermöglichen. Gleiches gilt für die Ziele Instandhaltung und Betrieb optimieren, sowie dem Erreichen eines wirtschaftlichen Einsatzes von Personal und Anlage.

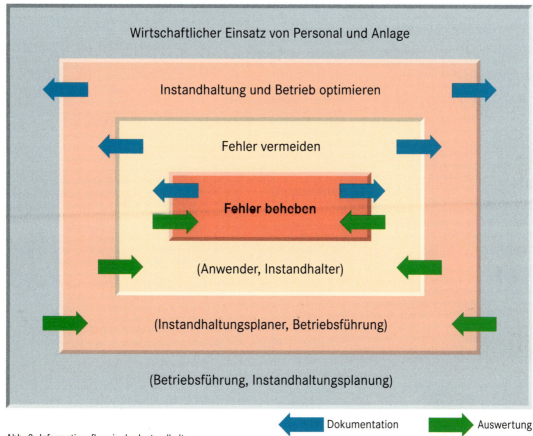

Abb. 2: Informationsfluss in der Instandhaltung

Aufgaben

1. Bei der Qualitätskontrolle wurden von zwei Stichproben die Maße kontrolliert. Berechnen Sie jeweils den Mittelwert und die Standardabweichung. Erläutern Sie die Ergebnisse:

Messwerte in µm					
1.	27	30	29	28	31
2.	5	10	20	14	12

2. Welche Aussage treffen die statistischen Größen
- Mittelwert und
- Standardabweichung?

3. Welche Informationen können der Qualitätsregelkarte entnommen werden?

4. In Abb. 1, S. 91 ist für jeden Tag der Anlagenstatus dokumentiert. Berechnen Sie für jeden Tag die Verfügbarkeit, Zuverlässigkeit und den Anlagennutzungsgrad.

5. Bei der Analyse der Maschinenstörungsliste fällt auf, dass die Lichtschranken ungewöhnlich oft verstellt sind. Wie analysieren Sie den Fehler und ermitteln Sie die Schwachstellen?

6. Nennen Sie drei typische Instandhaltungsstrategien.

Sachwortverzeichnis / Index

A

Abdeckungen / coverings 26 ff., 30 ff., 61

Abnutzung / wear 7 f., 12 f.

Abnutzungsgrenze / wear limit 7, 9, 11, 17

Abnutzungsursachen / causes of wear 10

Abnutzungsvorrat / wear margin 7, 9, 11

Abrasion / abrasion 29 f.

Abstreifer / wiper 26 ff., 30 f.

Additive / additive 52

Adhäsion / adhesion 29 f.

Alterung / aging 16 f.

Anlagenausfall / system breakdown 91

Anlagennutzungsgrad / system capacity factor 91

Anlagenverantwortlicher / installation officer 57, 59

Anlagenzustand / system condition 88

Anschlussleitung / connecting cable 62, 64

Arbeitsablauf / work flow 84

Arbeitseinheit / working unit 15

Arithmetischer Mittelwert / arithmetic mean 86

Aufbereitungseinheit / processing unit 76

Ausfall / failure 16

Ausfallhäufigkeit / failure rate 16

Ausfallkosten / failure costs 17

Ausfallverhalten / changes of failure frequency 7, 16 f.

Ausfallwahrscheinlichkeit / failure probability 8

Ausfallzeiten / down times 8

Ausfallzeitpunkt / serving times 13

Ausrichten / alignment 34, 38, 48

Ausrichtfehler / failure of alignment 32

Ausrichtzustand / status of alignment 47

Axialer Versatz / axial offset 46

B

Badewannenkurve / bath tube curve 17

Bearbeitungsstation / processing station 7, 15, 79

Berührungsstrom / contact current 64, 67

Betriebstemperatur / operating temperature 42

Betriebszeit / operating time 91

Burn-In / burn in 17

D

Dokumentation / documentation 16, 66, 83 f., 90 ff.

Drehstromverbraucher / three phase loads 59

Druckflüssigkeiten / hydraulic fluids 69

Druckmessanschlüsse / pressure measuring ports 74 f.

Druckmessung / preasure measurement 74 ff.

E

Eingriffsgrenze / action limit 85 ff., 92

Einsatzbereitschaft / operational readiness 8

Einsatzzeiten / operating times 8

Elastische Kupplungen / elastic couplings 46 f.

Elektrische Einheiten / electrical units 57 ff.

Elektrofachkräfte / skilled electrical engineering technicians 57

Endoskop / fibresope 44

Energieübertragungseinheit / energy transmission unit 15, 25

Energieversorgung / power supply 59

Sachwortverzeichnis / Index

Energieverteilung / power distribution 59

Entsorgung / disposal 54 f.

Ereignis-Ablauf-Analyse / event action analysis 81 f.

Ereignisorientierte Instandhaltung / event driven maintenance 12, 17 f., 79 ff.

Erregerfrequenz / moving frequency 44

Ersatzteile / spare parts 89 f.

F

Faltenbälge / bellows 26 ff.

Fehleranalyse / fault analysis 92

Fehlerbaum / fault tree 81

Fehlerbehebung / fault repair 82

Fehlerdiagnose / fault diagnosis 92

Fehlersuche / trouble shooting 81

Fehlersuchstrategie / strategy of troubleshooting 81

Fehlfunktion / mal function 81

Fertigmeldung / message of finishing 90

Festkörperreibung / solid friction 28 f.

Festschmierstoffe / solid lubricants 53 ff., 55

Flammpunkt / flashpoint 52, 54

Flüssigkeitsreibung / fluid friction 28

Freischalten / safety disconnection 60

Führungen / guides 26 ff., 30 ff.

Funktionseinheiten / functional units 25

Funktionsprüfung / general operating test 90

Funktionsstruktur / functional structure 80

G

Gangreserve / running reserve 89

Garantiefall / case of guarantee 16

Gefahrenklassen / danger classes 54

Geräuschentwicklung / noise development 62

Getriebegeräusche / gear noises 43

Getriebeschwingungen / gear virbrations 43 f.

Gleitführung / slideway 26

Graphit / graphite 53

H

Handbereich / normal arm's reach 58

Handschmierung / manual lubrication 37

Hautschutz / skin protection 54 f.

Herstellerprotokoll / manufacturer documentation 66

Hinweisschild / information sign 62

Hydraullkaggregat / hydraulic power unit 69

Hydraulikanlage / hydraulic system 69 ff.

Hydraulikfilter / hydraulic filter 70 f.

Hydraulikleitungen / hydraulic lines 69

Hydrauliköl / hydraulic oil 70, 72 f.

Hydraulikpumpe / hydraulic pump 73

Hydraulikzylinder / hydraulic cylinder 73 f.

Hydraulische Einheiten / hydraulic units 69 ff.

Hydraulische Messanschlüsse / hydraulic test ports 73, 74

Hydroventil / hydraulic valve 73

Sachwortverzeichnis / Index

I

IH-Dokumentation / maintenance documentation 91 ff.

Inbetriebnahmeerscheinungen / start up effects 16

Informationsfluss / flow of information 93

Infrarot-Kamera / infrared camera 65

Inspektion / inspection 10, 33, 38, 42, 47 ff., 60 f., 71 ff.

Instandhaltung / maintenance 7 ff., 12 f., 17 f., 79, 85, 88 f.

Instandhaltungsabläufe / maintenance actions 79

Instandhaltungsdokumentation / maintenance documentation 91

Instandhaltungsintervall / maintenance interval 17

Instandhaltungskosten / maintenance costs 12 f.

Instandhaltungsmaßnahmen / maintenance tasks 9 ff., 16, 35, 39, 49

Instandhaltungsplan / maintenance routing 19

Instandhaltungsplanung / maintenace planning 15 ff., 19

Instandhaltungsstrategie / maintenance stategy 12 f., 16 ff., 79

Instandhaltungtätigkeiten / maintenance actions 19

Instandsetzung / repair 9 ff., 30, 35, 39, 44, 49, 62 ff., 74 ff., 76

Intervallabhängige Instandhaltung / intervall based maintenance 13 f., 17 f., 89 f.

Isolationswiderstand / insulation resistance 63 f., 67

Isolierte Werkzeuge / insulated tools 58

IST-Zustand / actual state 10 f., 79

K

Keilriemengetriebe / V-belt transmission 32, 35

Kettendurchhang / slack span 38

Kettengetriebe / chain transmission 36 ff.

Kettenlängung / chain elongation 36, 38

Kettenreinigung / chain cleaning 37

Kettenschmierung / chain lubrication 37

Kettenspannelemente / chain clamping elements 38

Kettenverschleiß / chain wear 36

Knickschutz / bend protection 61, 64

Konsistenz / consistency 52

Korrosion / corrosion 30

Kosten / costs 12 f.

Kupplungen / couplings 46 ff.

Lagergeräusche / bearing noises 43

Lagertemperatur / bearing temperatur 42

Lagerung / storing 54 f.

Laseroptisches Ausrichten / laser-optical alignment 48

Laufgeräusche / running noises 47

Leistungsschild / rating plate 61

M

Manometer / manometer 74

Maschinenbericht / plant status report 91

Maschinenkarte / plant sheet 88

Maschinenstörliste / plant fault list 92

Mechanische Einheiten / mechanical units 25 ff.

Messgeräte / measuring instrument 61, 65

Middle Third / middle third 86, 92

Mineralöle / mineral oils 53

Mischreibung / mixed friction 28 f.

Sachwortverzeichnis / Index

Mittelwert / mean value 87 f.

Mittelwert, arithmetisch / mean value, arithmetic 86

Molybdändisulfit / molybdenum sulphite 53

Multimeter / multimeter 58, 65

N

Normalbetrieb / normal operation 91

Nutzen / use 12

O

Oberflächenzerrüttung / surface disruption 29 f.

Öle / oils 53

Ölprobe / oil test 73

Ölstandskontrolle / oil level check 42

Ortsfeste Betriebsmittel / stationary equipments 59 ff.

Ortsveränderliche Betriebsmittel / mobile equipments 59 ff., 64

P

Passfederverbindung / parallel key joint 46

Pneumatische Einheiten / pneumatic units 76

Pneumatische Schlauchelemente / pneumatic hose elements 76

Produktqualität / product qualtiy 86

Prüffristen / testing period 60

Prüfgeräte / testing devices 61, 63 ff.

Prüfprotokoll / test journal 66

Prüfzeichen / test mark 60

Q

Qualitätskontrolle / quality check 88

Qualitätsregelkarte / control chart 85 f., 88, 92

R

Radialer Versatz / radial offset 46, 48

Reibung / friction 28

Reibungszustände / states of friction 28 f.

Reinigen / cleaning 27, 70

Riemengetriebe / belt drives 32 ff.

Riemenverschleiß / belt wear 32

Rohrleitungen / pipe lines 69, 72

Rohrverschraubungen / bolt pipe joints 72

Rollenkette / roller chain 36 f.

Rückwärtsstrategie / backward strategy 81

Run / run 86, 92

S

Schaden / defect 81

Schaltbare Kupplungen / clutch 46

Schlauchleitungen / hose lines 69

Schmieren / lubricating 27, 50 ff.

Schmierfette / lubricating greases 52 ff.

Schmieröle / lubricating oils 52 ff.

Schmierplan / lubricating chart 20, 50 f.

Schmierstoffe / lubricants 28, 50 ff.

Schmierstoffwechsel / lubricant change 41 f.

Schmierung / lubrication 30, 37, 41, 50 ff.

Schmierverfahren / method of lubrication 50

Schmiervorschrift / lubrication rule 50 f.

Schneckengetriebe / worm gear pair 40

Schnittstelle / interface 80 ff.

Sachwortverzeichnis / Index

Schnittstellendefinition / interface definition 80

Schnittstellensignal / interface signal 82

Schutz gegen direktes Berühren / protection against direct contact 58

Schutzabstände / safe distances 58

Schutzausrüstung / protective equipment 57

Schutzklassen / classes of protection 64, 67

Schutzleiteranschluss / grounding conductor 62

Schutzleiterstrom / grounding current 63, 67

Schutzleiterwiderstand / grounding conductor resistance 62 ff., 67

Schwachstellen / critical areas 16, 92

Sicherheitsanforderungen / safety requirements 12

Sicherheitsregeln / safety rules 57, 63

Sichtkontrolle / visual inspection 79

Sichtprüfung / visual inspection 28

Spannungsfreiheit / isolation from supply 62

Spannungsprüfer / voltage tester 58, 62

Spannverbindung / clamp connection 46

Standardabweichung / standard deviation 86 ff

Starre Kupplungen / fixed couplings 46

Stethoskop / stethoscope 43

Stichprobe / random check 85 ff.

Stillstand / downtime 91

Stockpunkt / solidifying point 52

Schutzklassen / classes of protection 64, 67

Störung / fault 79

Störungshäufigkeit / fault frequency 92

Störungskarte / fault sheet 83

Störungssuche / troubleshooting 75, 92

Störungsursache / cause of a fault 92

Stoßimpuls / impact impulse 44

Stromzange / clamp-on ammeter 58

Stütz- und Trageinheiten / supports and brackets 15, 25

Synthetische Öle / synthetic oils 53

Systembeschreibung / system description 15 f.

Systemgrenze / system boundary 80

T

Tauchschmierung / splash lubrication 37, 41

Teleskopabdeckungen / telescopic coverings 26 ff.

Temperaturmessung / temperature measuring 65

Trend / trend 86, 92

Tribochemische Reaktion / tribological reaction 29

Tribologisches System / tribological system 28

Tropfschmierung / drip feed lubrication 37

U

Umgang mit Schmierstoffen / handling of lubricants 54 f.

Umlaufschmierung / circulating lubrication 37

V

Verbesserung / improvement 9, 11

Vereinzeler / singularizing device 80 ff.

Verfügbarkeit / availability 8 f., 12 f., 91

Versatz an Kupplungen / offset at couplings 46 ff.

Verschleiß / abrasion 7, 17, 29, 36, 41

Sachwortverzeichnis / Index

Verschleißerscheinung / sign of wear 16 f.

Verschleißkurve / wear curve 7

Verschleißmechanismen / wear mechanism 29

Viskosität / viscosity 52

Vorbeugende Instandhaltung / preventive maintenace 12, 18

Vorspannung / tensioning 33 f.

Vorwärtsstrategie / forward strategy 81

W

Wälzführung / antifriction guideway 26

Warngrenze / warning limit 85 ff.

Wartung / maintenance 9 f., 32, 37, 41, 47, 60 f., 70 ff., 76

Wartungs- und Inspektionsintervalle / maintenace and inspection intervalls 20 ff.

Wartungs- und Inspektionspläne / maintenace and inspection plans 16, 19, 23

Wartungs- und Inspektionszyklen / maintenace and inspection cycles 19

Wassergefährdungsklassen / water wazard classifications 54

Wechselstromverbraucher / ac-loads 59

Wiederholungsprüfungen / replications 60

Wiederinbetriebnahme / restarting 82

Winkliger Versatz / angular offset 46, 48

Z

Zahnräderzustand / state of gear wheel 44

Zahnradgetriebe / gear drive 40 ff.

Zahnriemengetriebe / toothed belt drive 32, 35

Zentralschmierung / central lubrication 27, 50

Zugentlastung / cable relief 64

Zustandsabhängige Instandhaltung / driven status maintenance 13, 18, 85 ff.

Zustandsbewertung / status rating 85

Zuverlässigkeit / reliability 7 f.

Zuverlässigkeitsverlauf / reliability distribution 7 f.

Bildquellenverzeichnis / list of picture reference

Verlag und Autoren möchten hiermit den nachstehend aufgeführten Firmen, Verbänden, Institutionen, Zeitschriften- und Buchredaktionen sowie Einzelpersonen für ihre tatkräftige und großzügige Hilfe bei der Bereitstellung von Bild- und Informationsmaterial und für ihre Beratung danken.

F = Foto(s);   Z = Zeichnung(en)

Arno Arnold GmbH, Obertshausen: F: 27.5

CH. BEHA GmbH, Glottertal: F: 61.2+3, 65.3+4

Berufsgenossenschaft der Feinmechanik und Elektrotechnik (www.bgfe.de), Köln: F: 58.1

Bosch Rexroth AG, Lohr am Main: F: 69.4.

ContiTech Antriebsysteme GmbH, Hannover: F: 32.1+2, 34.1

Damalini AB, S- Mölndal: F: 34.3

Druck & Temperatur Leitenberger GmbH, Kirchentellinsfurt: F: 74.2

FLIR Systeme GmbH, Frankfurt a. M.:

Titelbild, F: 65.5+6

Fotostudio Druwe & Polastri, Cremlingen: F: 43.6

Hänchen Hydraulik GmbH, Ostfildern: F: 73.5

Hilger u. Kern GmbH, Mannheim: F: 33.6

Hydac Technology GmbH, Sulzbach/ Saar: F: 70.1

Kabel Schlepp GmbH, Siegen: Z: 27.3

Ortlinghaus-Werke GmbH, Wermelskirchen: F: 49

Richard Pflaum Verlag (www.pflaum.de/elektroformulare), München: 66.2

Prüftechnik AG, Ismaning: F: 43.5

RUDOW Maschinenteile GmbH, Moers: F: 69.2

Schneeberger GmbH, Höfen/Enz: F: 26, 27.4

Skf GmbH, Schweinfurt: F + Z: 48.3.

Timmer Pneumatik GmbH, Neuenkirchen: F: 76.2.

Layout:	Sabine Fehmer, Grafik & Layout, Cremlingen
Zeichnungen:	Mario Valentinelli, Rostock
Englische Übersetzung:	Thorsten Astheimer, Dr. Michael Dzieia, Günther Tiedt